「Makie」の子ども服

ニューヨークで子ども服のデザインを始めて5年がたちます。仕事柄いつも実感するのは、簡単に作れるものほど安っぽく、売れないということ。手間ひまかけたものはやっぱり「カワイイ」とか「カッコイイ」とお客さんにも伝わるのです。

また、ときどき思うのですが、親は高級な服を着ているのに、一緒にいる赤ちゃんや子どもは安っぽい服や似合わない服を着せられていることが多いのではないかと。確かにすぐ大きくなって着られなくなるので、「もったいない」と思う方々が多いのでしょう。しかしお金をかけなくても、普段からおしゃれはできるもの。色の組合せ方だったり、柄や素材の選び方、ちょっとした小物を合わせたりするだけで全く違って見えるし、人と違う楽しみがまた増えるのではないかと思います。

Makie Marketing, Inc.

小さくても
きちんとした服

尾方裕司

contents

a 後ろあきシャツ+ピクシーパンツ+ミトン　6、12か月　…04
b ラップシャツ+パンツ　6、12か月　…05
c キモノスタイルシャツ+ブルーマーズ　6、12か月　…06
d ショートパンツ+フェルトシューズ　6、12か月　…07
e ノースリーブドレス+パフスリーブドレス+スカーフ　6、12か月　…08
f キモノスタイルシャツ+ショルダーボタンシャツ+スカーフ　6、12か月　…09
g リバーシブルのジャンパースカート+スカーフ　6、12か月　…10
h ボンネット+ノースリーブシャツ+ブルーマーズ　6、12か月　…11
i フードつきジャケット+パンツ　6、12か月　…12
j ベスト+後ろあきシャツ+パンツ　6、12か月　…13
k フードつきジャケット+オーバーオールズ　6、12か月　…13
l ラップシャツ+パンツ+フェルトシューズ　6、12か月　…15
m ビブ+ハンカチ+フェルトシューズ　6、12か月　…16
n ピローケース+ブランケット+きんちゃく　…17
o ボンネット+ノースリーブドレス+ノースリーブシャツ+ショートブルーマーズ　6、12か月　…17
p ラウンドカラーワンピース　2〜3歳　…18
q シャツカラーワンピース+スモールバッグ　2〜3歳　…19
r スモック+カジュアルシャツ+ショートパンツ+ショルダーバッグ　12か月、2〜3歳　…20
s テーラードジャケット+シャツ+ショートパンツ　2〜3歳　…22
t フードつきジャケット+セーラーパンツ　2〜3歳　…24
u 長袖シャツ+半袖シャツ　2〜3歳　…26
v シャツ+ショートパンツ　2〜3歳　…28
w ブラウス+ギャザースカート　2〜3歳　…29
x フードつきジャケット+シャツ+ギャザースカート+ショルダーバッグ　2〜3歳　…30
y フードつきジャケット+シャツ+パンツ　2〜3歳　…30
z 後ろあきシャツ+ギャザースカート+スモールバッグ　2〜3歳　…32

a → p.35,36
6month, 12month

帽子、マフラー（参考商品／Makie）

b → p.37,38
6month, 12month

1(p.15)の布地違い。バックスタイル。

赤ちゃんの服

やっぱり、いまだに男の子にはブルー、女の子にはピンクという考え方があるように思います。そんな色のイメージや流行、ブランド志向にとらわれないような服作り……をモットーに、本当にその子どもに似合う色や形を提案していきたいと考えながらデザインしています。

C → p.40,44

6month, 12month

d → p.40,41
6month, 12month

e → p.41〜43

6month, 12month

f → p.41,44,45

6month, 12month

g → p.41, 46
6month, 12month

gのバックスタイル。

h → p.40, 47, 48

6month, 12month

i → p.49,50
6month, 12month

オフホワイトのセーター（参考商品／Makie）

j → p.35, 49, 51

6month, 12month

k → p.50, 52

6month, 12month

オフホワイトのカーディガン、靴下、バッグ（参考商品／Makie）

1 → p.37, 41, 49
6month, 12month

m → p.41,53
6month, 12month

赤ちゃんへの贈り物

はじめてのプレゼントには、肌触りのいい天然素材のものが喜ばれると思います。デザインはシンプル、色は白をメインに。小物のセット、寝具のセット、洋服のセットと、アイテムごとに組み合わせて贈ります。さりげないフリルやリックラックが、赤ちゃんのかわいらしさを引き立ててくれるのです。

n → p.53,54

o → p.42,47,48,55

6month, 12month

p → p.56　2-3years

q → p.57　2-3years

子どもの服

「Makie」の子ども服は、2歳用からデザインが大きく変わります。おむつが取れて歩くようになると、体型もすっかり変わってくるからです。赤ちゃんのころと比べるとスリムになり、洋服がとても似合うようになってきます。普段からおしゃれをさせてあげたいと思いながら、服を作り続けます。

靴（参考商品／Makie）

r → p.55, 58, 59
12month, 2-3years

S → p.59,60,65
2-3years

t → p.63,64
2-3years

オフホワイトのセーター（参考商品／Makie）

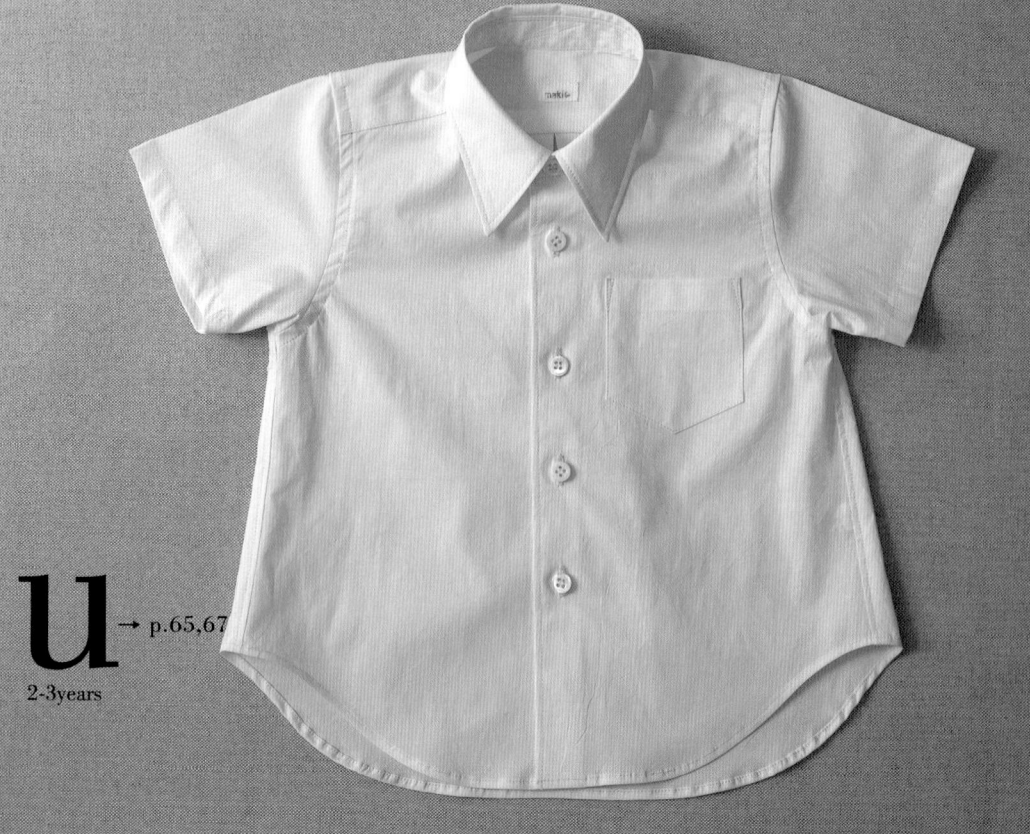

本物のシャツ

大人と変わらないデザインや素材で子ども服を作っています。特にこのシャツは、台衿つきのシャツカラーや短冊あきカフスの袖など、手間のかかり方も大人と一緒です。作るのが大変に思われるかもしれませんが、その分、うまく着こなしてくれると思います。手を抜かずに、本物のシャツを作ってください。

u → p.65, 67
2-3years

V → p.59,65
2-3years

オフホワイトのセーター、靴（参考商品／Makie）

W → p.68,69
2-3years

オフホワイトのセーター、靴下、靴（参考商品／Makie）

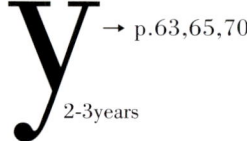

x → p.63,65,69
2-3years

y → p.63,65,70
2-3years

オレンジとブルーのセーター、靴下、靴、手さげバッグ（参考商品／Makie）

How to make

→

作り始める前に

この本の作品のサイズは、6か月用、12か月用、2〜3歳用の3サイズです。特に2〜3歳用は長く着てほしいため、2歳のときは袖口や裾を折り上げて着せて、3歳になるころにちょうどよくなるサイズにしてあります。下記のサイズ表を参考にしてください。

縫い代の始末の主な方法は、1cmの縫い代をつけて裁断し、縫った後にロックミシンで0.5cmにカットしています。ジグザグミシンをご使用の場合は、縫った後で縫い代を0.5cmに切りそろえてからジグザグミシンをかけてください。

衿や見返しの接着芯は、表布の張りや風合い、またはお好みで使用しますが、赤ちゃんの服はなるべくやわらかく仕上げたほうがいいでしょう。2〜3歳用のシャツやジャケットには薄手の接着芯を使用しています。

作品のテープやリボン類は、MOKUBA（Tel.03-3864-1408）のものを使用しています。コットンテープの商品番号はNo.1502、リックラック（波形テープ。商品名"トリミングブレード"）はNo.0805です。

● 参考サイズ表

	6か月	12か月	2歳	3歳
身長	65cm	75cm	90cm	100cm
体重	7.5kg	9.5kg	13kg	16kg
B			52cm	54cm
W			49cm	51cm
H			52cm	57cm

a →p.04 j →p.35 z →p.32

後ろあきシャツ　6、12か月　2～3歳用

●材料
表布＝木綿（オクスフォード）150cm幅50cm（6か月）／55cm（12か月）／60cm（2～3歳）
ボタン直径1.1cmを4個

●縫い方順序
① 衿を作る　② 肩を縫う→縫い代は後ろへ倒す　③ 衿をつける　④ 袖をつける→縫い代は袖側に倒す　⑤ 袖下から脇を縫う→縫い代は後ろへ倒す　⑥ 袖口を縫う　⑦ 裾を縫う　⑧ ボタンホールを作り、ボタンをつける

●ポイント
上質な薄手の木綿で大人っぽく、男の子も女の子も似合うデザインです。後ろあきのボタンは平らなものを選びましょう。
裁合せ図は12か月用のものです。2～3歳用は同じように配置できないので注意してください。
また、2～3歳用のデザインは丸衿になります。

衿の作り方

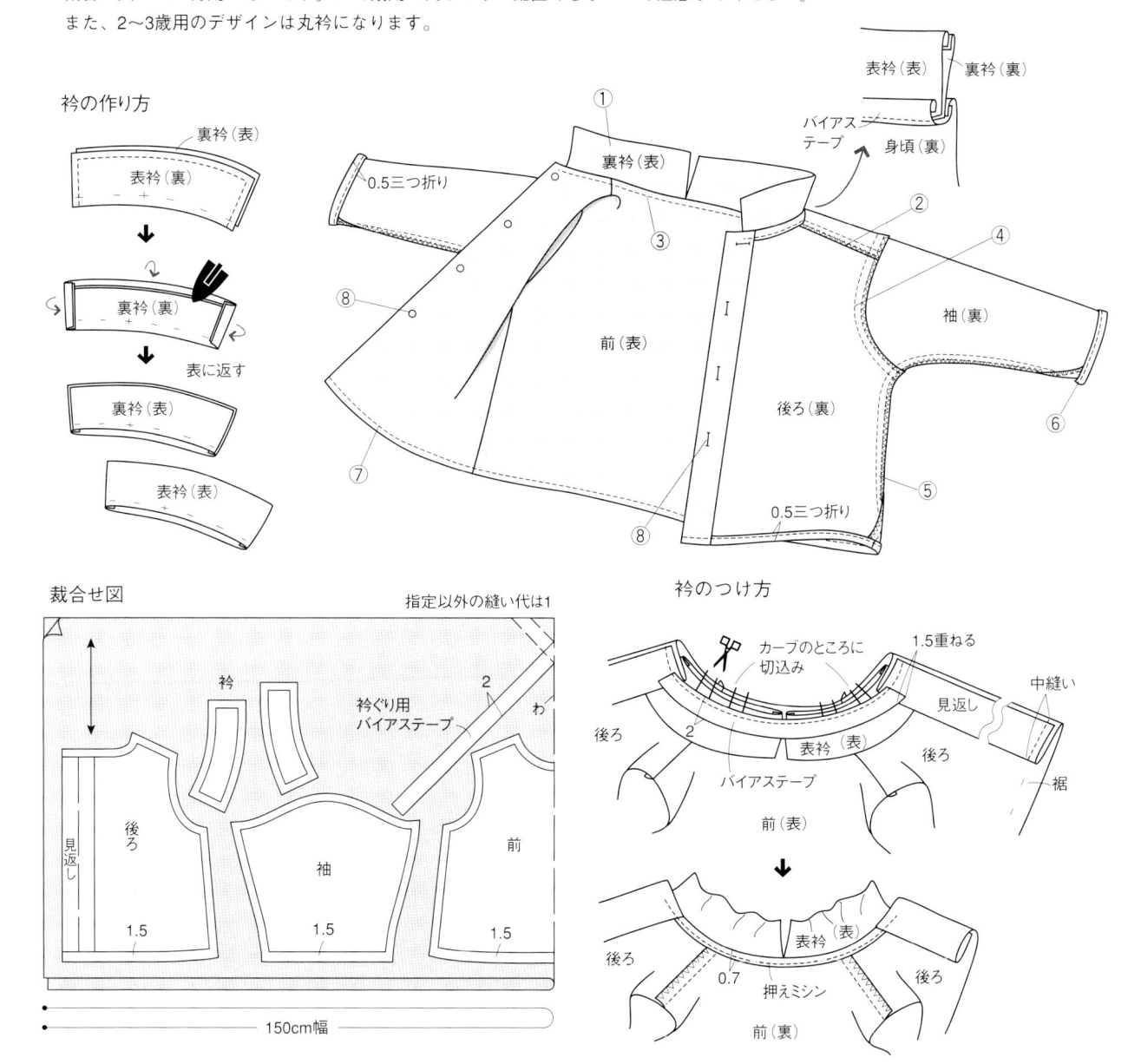

衿のつけ方

裁合せ図　指定以外の縫い代は1

a → p.04

ピクシーパンツ＋ミトン　6、12か月

●材料
表布＝ウールフリース150cm幅50cm（6か月）／60cm（12か月）
ゴムテープ1.2cm幅41cm（6か月）／44cm（12か月）
コットンテープ0.5cm幅80cm

●縫い方順序
① 前パンツに甲をつける→縫い代は前パンツ側に倒す　② 後ろ中心を縫う→縫い代は右側に倒す　③ 脇を縫う→縫い代は後ろ側に倒す　④ 股下を縫う→縫い代は後ろ側に倒す　⑤ 足底をつける　⑥ ウエストを縫い、ゴムテープを通す

●ポイント
森の小人のようなピクシーパンツは、やわらかく暖かい布地でやさしく作ります。ミトンもおそろいで。

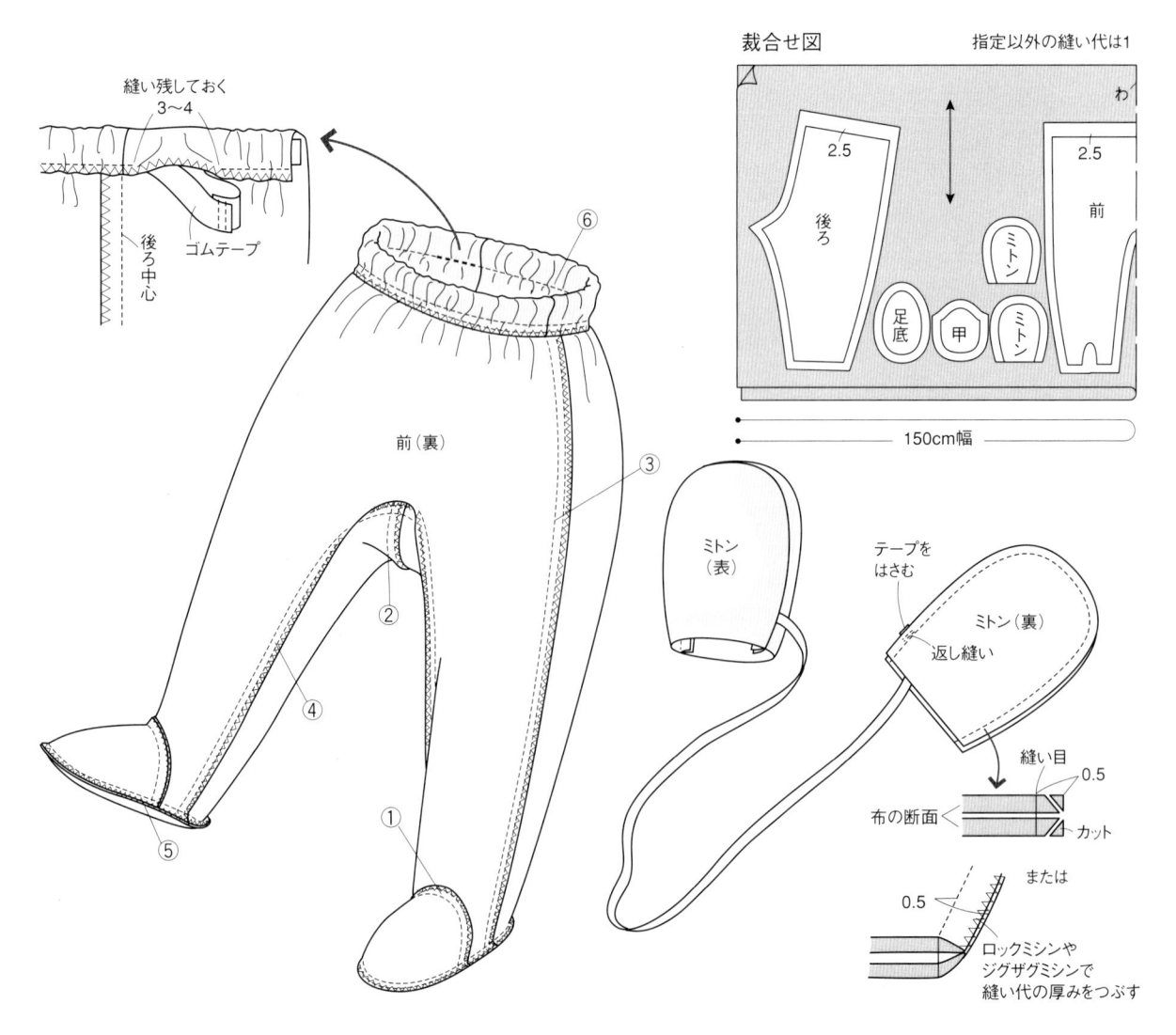

b 1 → p.05 → p.15

ラップシャツ 6、12か月

●材料
表布＝コットンフランネル110cm幅55cm（6か月）／65cm（12か月）
リックラック0.4cm幅2m　飾りテープ0.2cm幅50cm　コットンテープ0.5cm幅2m

●縫い方順序
① 肩を縫う（右肩は飾りテープをはさむ、左肩は縫い代にコットンテープを止める）→縫い代は後ろ側に倒す　② 衿ぐり、後ろ端、裾にリックラックとコットンテープを縫いつける　③ 袖下を縫う→縫い代は後ろ側に倒す　④ 袖口を縫う　⑤ 身頃に袖をつける→縫い代は袖側に倒す

●ポイント
後ろあきがポイントのシャツ。リックラックは女の子らしくて男の子には……と言う人がいますが、赤ちゃんのうちは男らしく見えるより、かわいいものを着せてあげたいと思います。

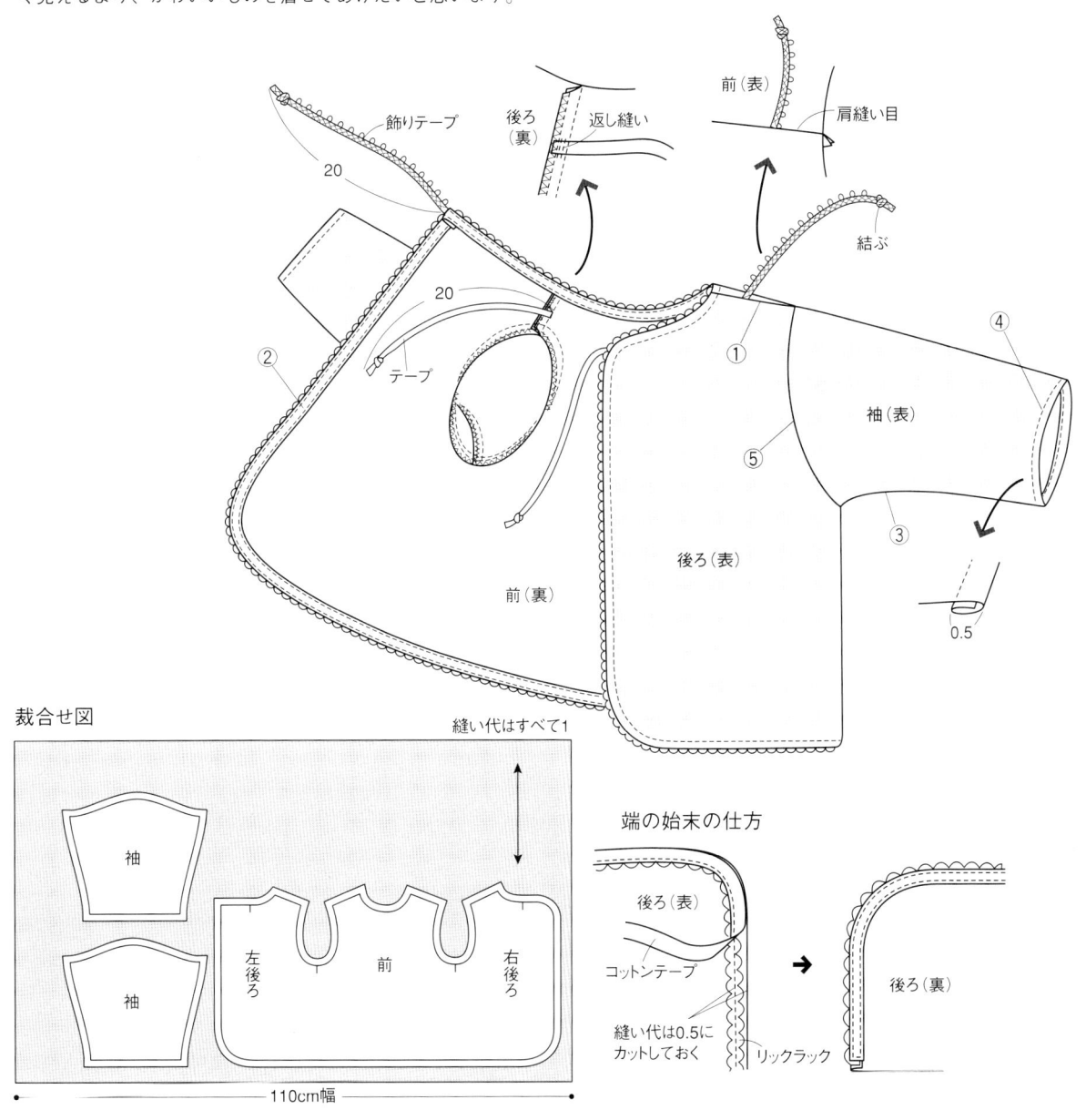

裁合せ図

縫い代はすべて1

端の始末の仕方

b → p.05

パンツ 6、12か月

●材料
表布＝コットンフランネル110cm幅50cm（6か月）／60cm（12か月）
裏布＝コットン110cm幅50cm（6か月）／60cm（12か月）
ゴムテープ1.2cm幅41cm（6か月）／44cm（12か月）
ボタン直径1.1cmを2個

●縫い方順序
① ポケットを作り（ボタンホールも）、つける　② 表裏それぞれの前後の股上を縫う→縫い代は表裏を互い違いに倒す　③ ウエストを縫い、ゴムテープを通す　④ 右裾を縫う→縫い代は割る　⑤ 股下を表裏続けて縫う（返し口を縫い残す）　⑥ 左裾を縫う　⑦ 返し口をまつる　⑧ ボタンをつける

●ポイント
寒い冬に最適な上質のコットンフランネルのパンツには、コットンの裏布をつけて暖かく仕上げます。

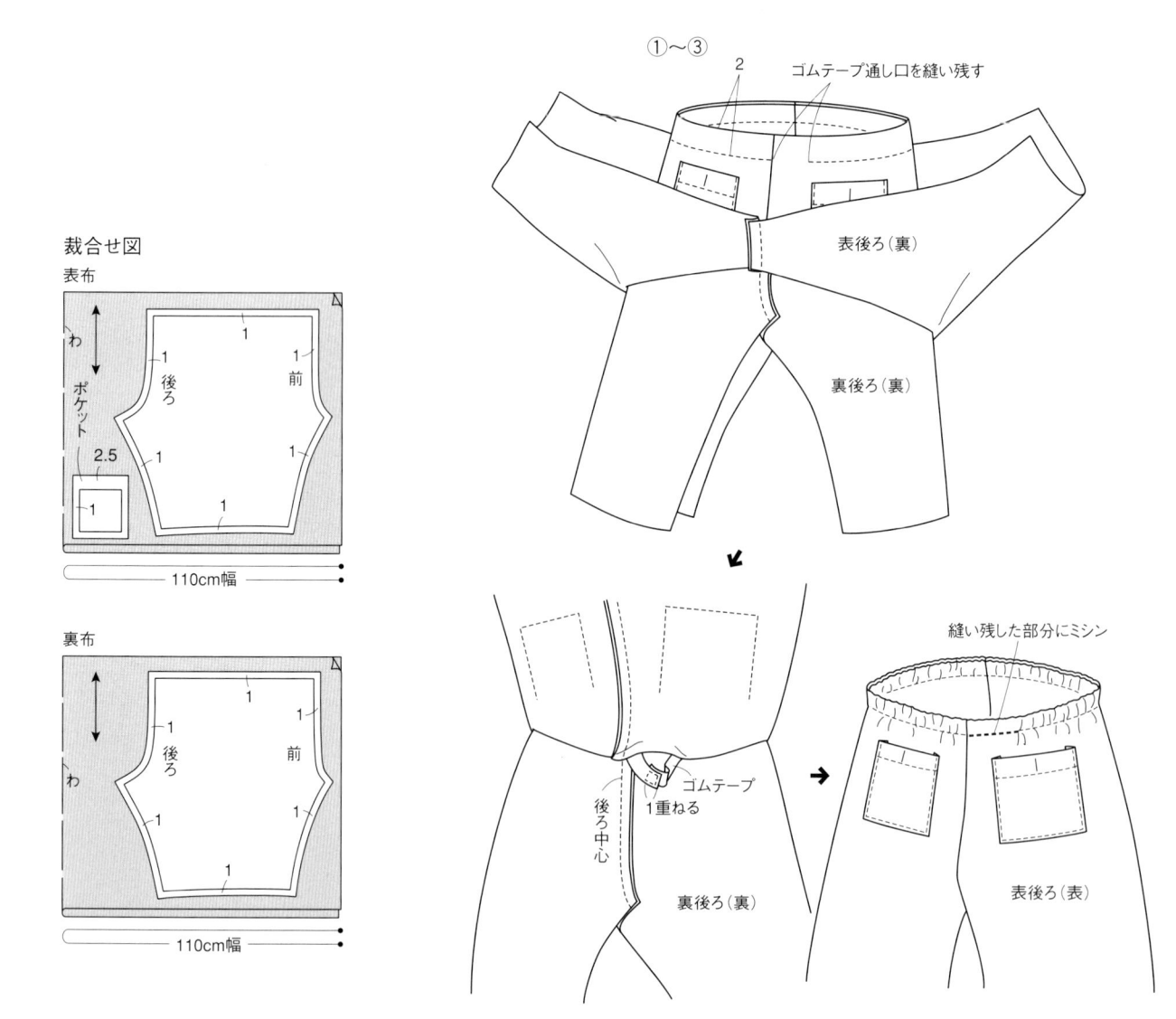

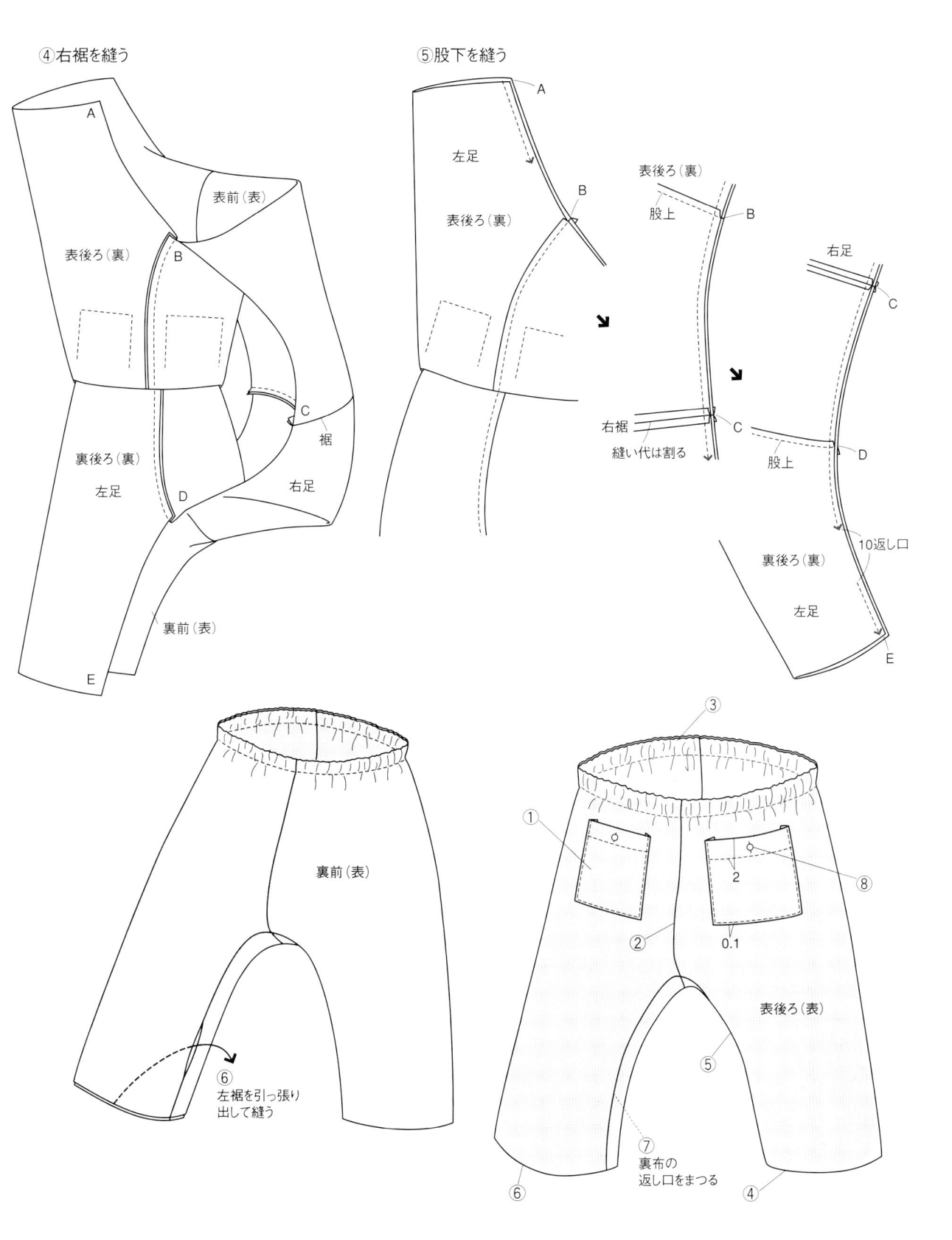

④右裾を縫う

⑤股下を縫う

表前（表）
表後ろ（裏）
裏後ろ（裏）
左足
右足
裏前（表）

左足
表後ろ（裏）

表後ろ（裏）
股上
右足
右裾
縫い代は割る
股上
10 返し口
裏後ろ（裏）
左足

裏前（表）

⑥ 左裾を引っ張り出して縫う

③
①
2
0.1
⑧
表後ろ（表）
⑤
⑦ 裏布の返し口をまつる
⑥
④

39

c → p.06 h → p.11

ブルーマーズ 6、12か月

●材料
表布=コットン110cm幅35cm（6か月）／40cm（12か月）　ウエスト用ゴムテープ1.2cm幅41cm（6か月）／44cm（12か月）
裾用ゴムテープ0.3cm幅22cm×2本（共通）

●縫い方順序
① 後ろ中心を縫う→縫い代は右側に倒す　② 脇を縫う→縫い代は後ろ側に倒す　③ ウエストを縫う　④ 股下を縫う→縫い代は後ろ側に倒す　⑤ 裾を縫う　⑥ ウエストと裾にゴムテープを通す

●ポイント
外出するときも家にいるときも、ちょっとおしゃれをさせたいときに重宝する一年中OKなアイテムです。

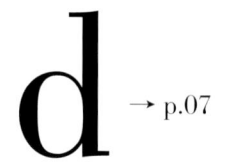

d → p.07

ショートパンツ 6、12か月

●材料
表布=コットン110cm幅35cm（6か月）／40cm（12か月）
ウエスト用ゴムテープ1.2cm幅41cm（6か月）／44cm（12か月）

●縫い方順序
① ポケットを作り、つける　② 後ろ中心を縫う→縫い代は右側に倒す　③ 脇を縫い、スリットを作る→縫い代は後ろ側に倒す　④ ウエストを縫う　⑤ 股下を縫う→縫い代は後ろ側に倒す　⑥ 裾を縫う　⑦ ウエストにゴムテープを通す

●ポイント
ブルーマーズと同じパターンで作る、ゆったりとしたショートパンツ。裾の両脇にスリットを入れると、違った雰囲気になります。

裁合せ図

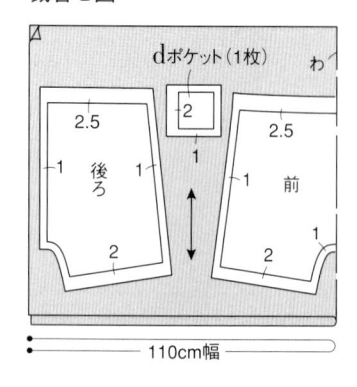

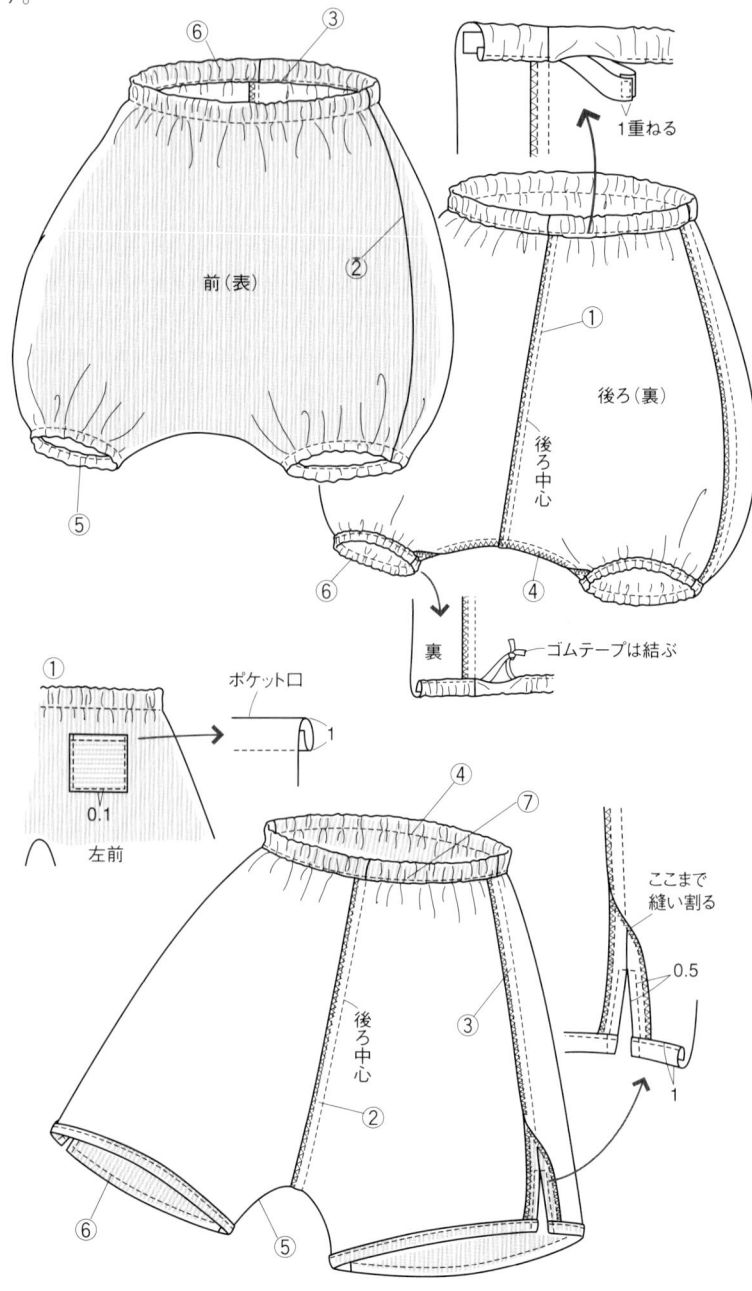

d → p.07　l → p.15　m → p.16

フェルトシューズ　0〜6か月

●材料
表布＝ウールフェルト70×20cm　リボン0.5cm幅1m

●縫い方順序
① 図のようにピンキングばさみでカットする
② 側面の後ろ中心を重ねて縫う
③ 側面を甲につける
④ 足底を合わせて縫い、ピンキングばさみで縫い代をカットする
⑤ 側面の穴にリボンを通す

●ポイント
まだ歩けない赤ちゃんのための靴です。

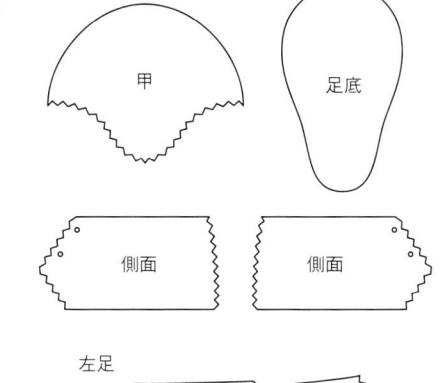

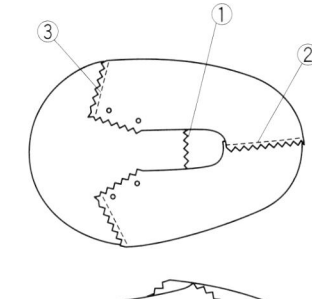

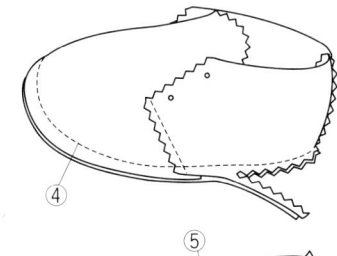

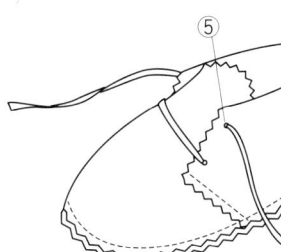

裁合せ図

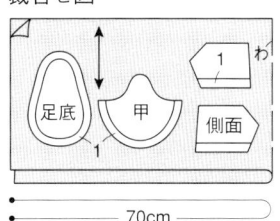

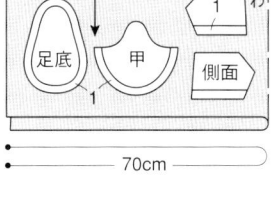

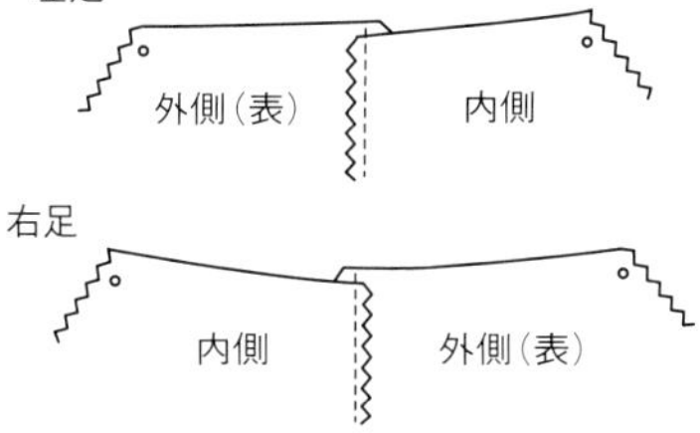

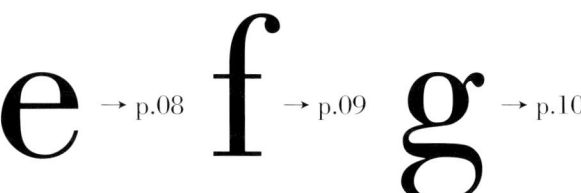

e → p.08　f → p.09　g → p.10

スカーフ2種

6、12か月

●材料
表布、裏布ともコットン

●ポイント
正方形は回りを三つ折り端ミシンで縫ったバンダナタイプ。長方形は2種類の布地を合わせて縫ったマフラータイプ。残り布を利用して作ってみましょう。汗かきの赤ちゃんへの心配りとしても。

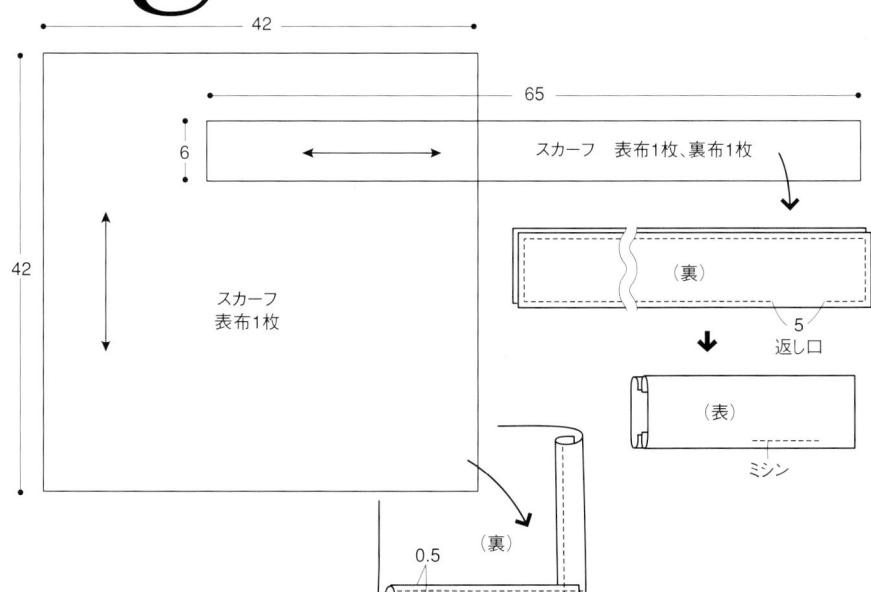

e → p.08上　o → p.17左

ノースリーブドレス　6、12か月

●材料
表布＝スイス製コットン110cm幅60cm（6か月）／65cm（12か月）
コットンテープ0.5cm幅80cm　ボタン直径0.8cmを2個

●縫い方順序
① 脇を縫う→縫い代は後ろ側に倒す　② 衿ぐりをテープで始末する　③ 袖ぐりをテープで始末する　④ 前後それぞれの肩を縫う　⑤ フリルの脇を縫う→縫い代は後ろ側に倒す　⑥ フリルの裾を三つ折りにして縫う　⑦ フリルをつける　⑧ ボタンホールを作り、ボタンをつける

●ポイント
シンプルで涼しげなノースリーブのワンピース。

肩の縫い方

裁合せ図

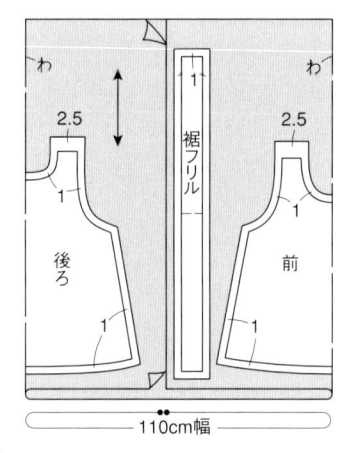

P.43の裁合せ図

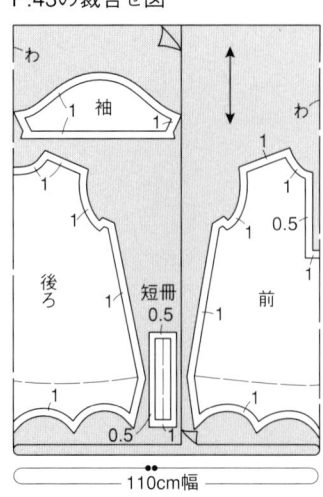

e → p.08下

パフスリーブドレス 6、12か月

●材料
表布=スイス製コットン110cm幅70cm(6か月)／75cm(12か月)　コットンテープ0.5cm幅50cm
ボタン直径0.8cmを3個

●縫い方順序
① 前身頃のタックを縫う→タックは袖ぐり側に倒す　② 前中心にタックをたたみ、短冊をつける　③ 肩を縫う→縫い代は後ろ側に倒す　④ 後ろ中心にタックをたたみ、衿ぐりをテープで始末する　⑤ 脇を縫う→縫い代は後ろ側に倒し、タックをたたんでおく　⑥ 裾を縫う　⑦ 袖を作り、つける→縫い代は袖側に倒す　⑧ ボタンホールを作り、ボタンをつける

●ポイント
手作業が多くて縫うのが大変なドレスですが、大変なものほどかわいいものが作れると思います。一つ一つの工程を丁寧に仕上げてください。

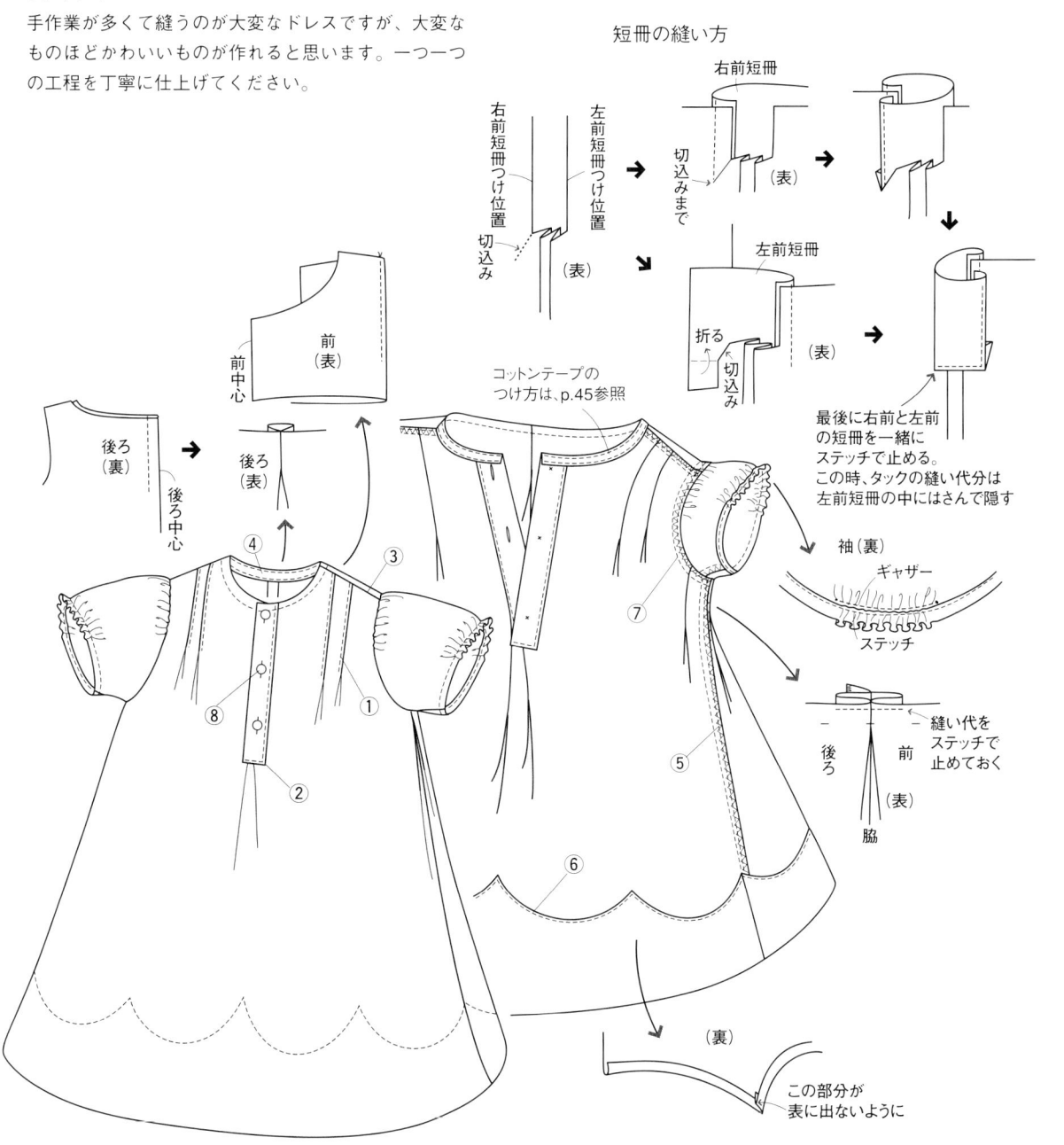

c →p.06　f →p.09上

キモノスタイルシャツ　6、12か月

●材料
表布＝スイス製コットン110cm幅60cm（6か月）／70cm（12か月）　コットンテープ0.5cm幅80cm　ボタン直径0.8cmを2個

●縫い方順序
① 肩を縫う→縫い代は後ろ側に倒す　② 袖をつける→縫い代は袖側に倒す　③ 袖下から脇を縫う（右脇内側にテープをつける）　④ スリットを作る→スリット以外の縫い代は後ろ側に倒す　⑤ 袖口を縫う　⑥ 裾を縫う　⑦ 前端を縫う（左前端にテープをつける）　⑧ 後ろ中心にタックをたたみ、衿ぐりをテープで始末する　⑨ 糸ループを作り、ボタンをつける

●ポイント
強い日ざしから赤ちゃんの肌を守るためには、長袖のシャツがいいと思います。シルクのような薄手のコットンで涼しく着られる素材を選びましょう。

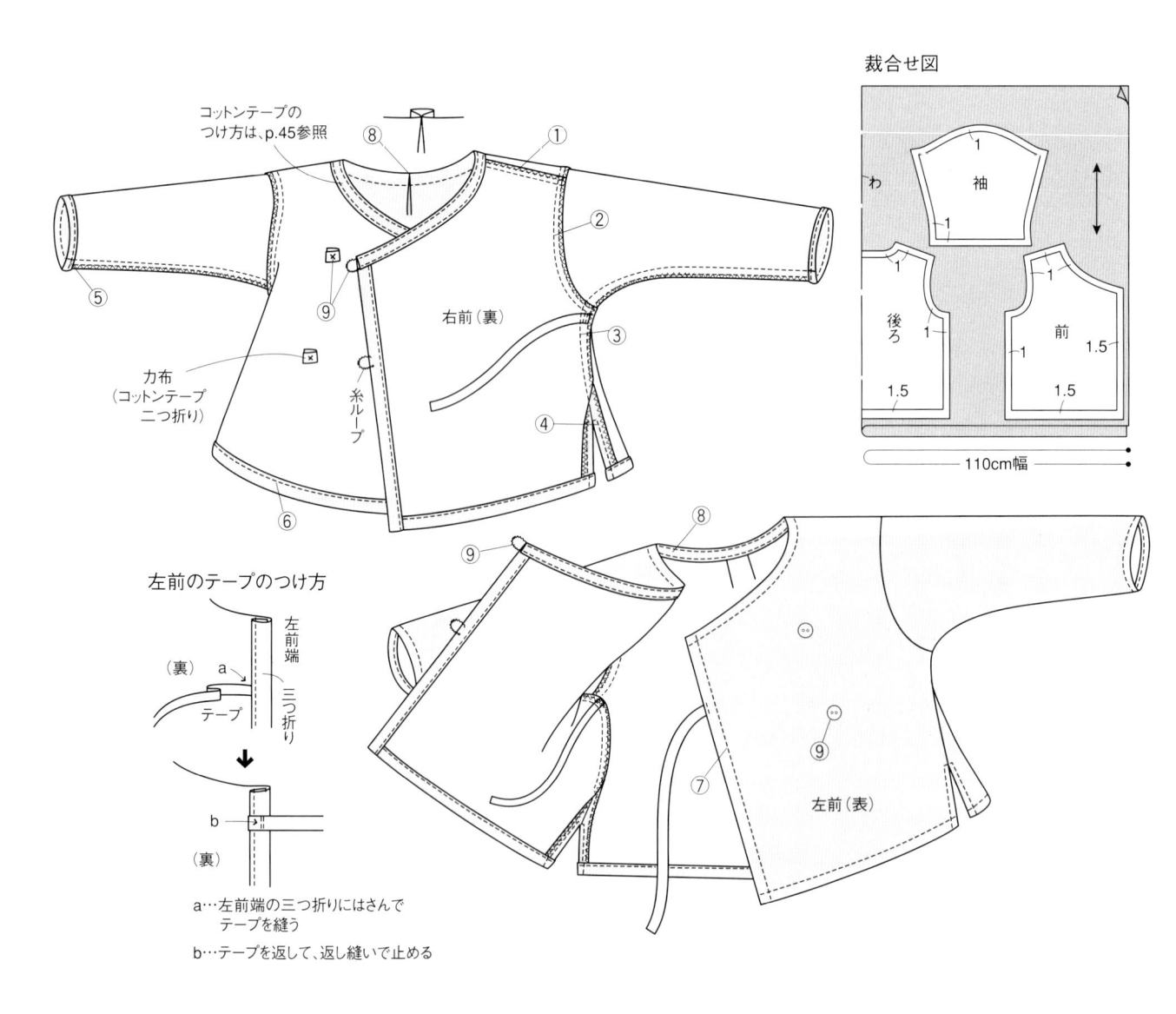

f → p.09下

ショルダーボタンシャツ 6、12か月

●材料
表布＝スイス製コットン110cm幅60cm（6か月）／70cm（12か月）
コットンテープ0.5cm幅50cm
ボタン直径0.8cmを1個（6か月）／2個（12か月）

●縫い方順序
① 前中心のあきをバイアステープで始末する ② 前後の左肩を三つ折りにして縫う ③ 後ろ身頃のタックをたたみ、ヨークをつける→縫い代はヨーク側に倒す ④ 右肩を縫う→縫い代は後ろ側に倒す ⑤ 衿ぐりをテープで始末する ⑥ 袖をつける→縫い代は袖側に倒す ⑦ 袖下から脇を縫う ⑧ スリットを作る→スリット以外の縫い代は後ろ側に倒す ⑨ 袖口を縫う ⑩ 裾を縫う ⑪ 糸ループを作り、ボタンをつける

●ポイント
前身頃とヨークの肩の縫い代が左右違いますので、裁断のときには注意してください。

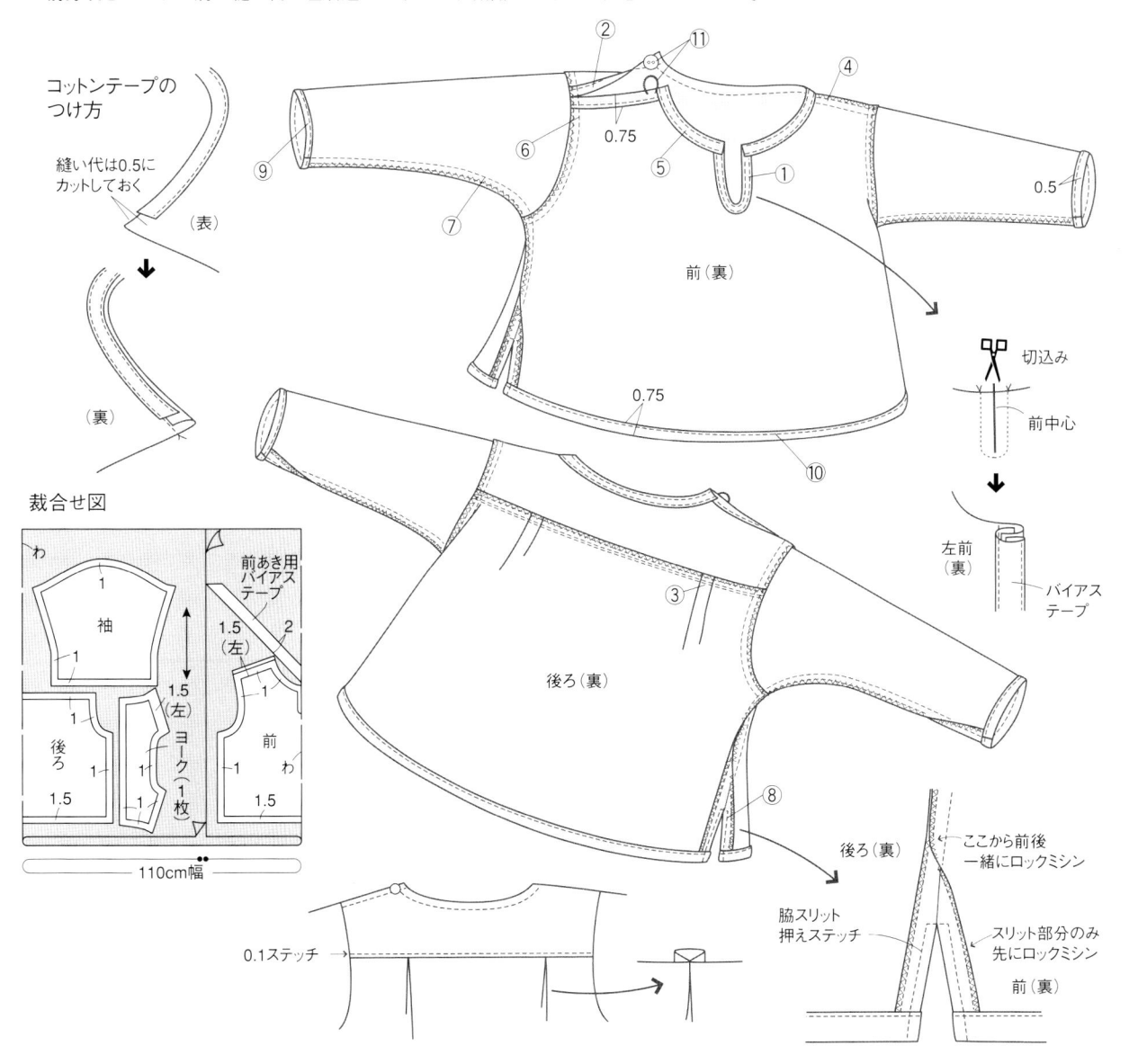

g → p.10

リバーシブルのジャンパースカート　6、12か月

●材料
表布＝コットン（プリント）110cm幅75cm（6か月）／90cm（12か月）
裏布＝コットン（無地）110cm幅75cm（6か月）／90cm（12か月）　ボタン直径1.1cmを4個

●縫い方順序
① 表裏それぞれの肩を縫う→縫い代は割る　② 表裏を中表に合わせて、袖ぐりを縫う　③ 表裏を中表に合わせて、後ろ端と衿ぐりを続けて縫う　④ 後ろ身頃を肩から引き出し、表に返す　⑤ 表裏それぞれの脇を合わせ、続けて縫う→縫い代は割る　⑥ 右後ろの端に返し口を残し、裾を縫う　⑦ 表に返して、返し口をミシンで縫う　⑧ ボタンホールを作り、ボタンをつける

●ポイント
リバーシブル仕立てなので、プリントと無地の両面楽しめます。ボタンは表裏の同じ位置につけてください。そのまま1枚でサンドレスとしても着られます。

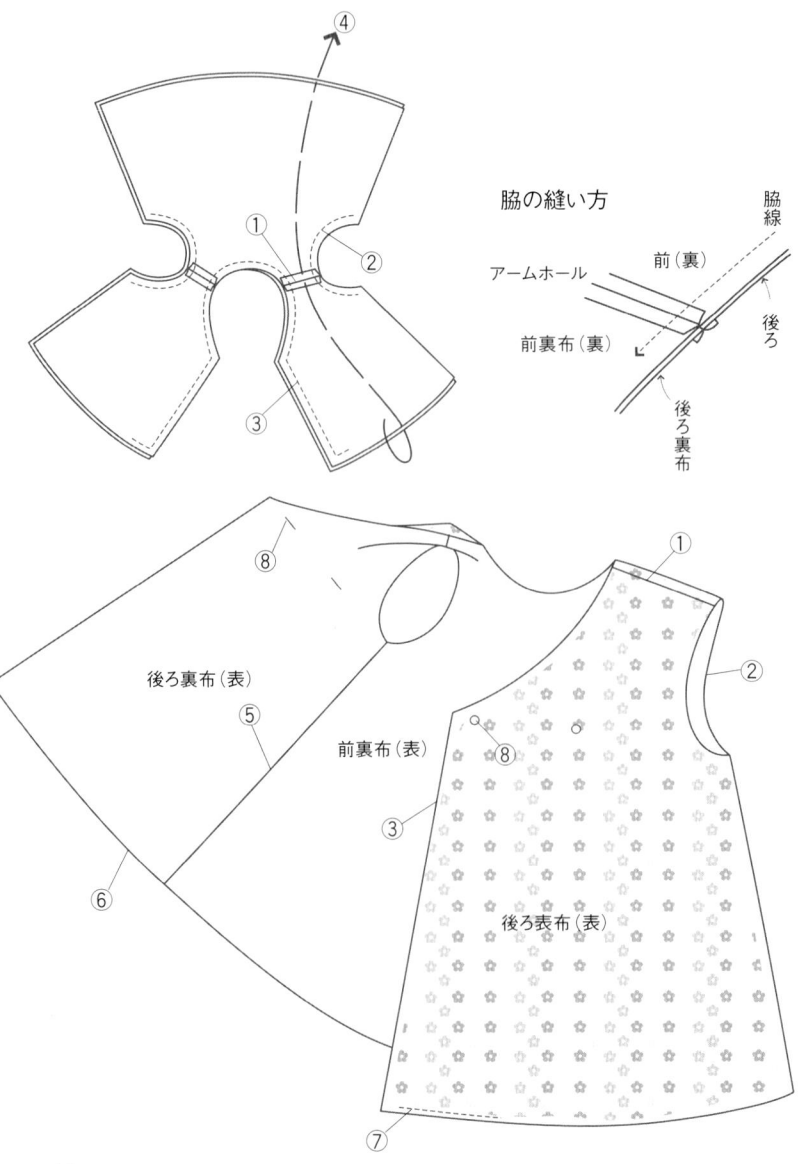

脇の縫い方

裁合せ図
表布
110cm幅

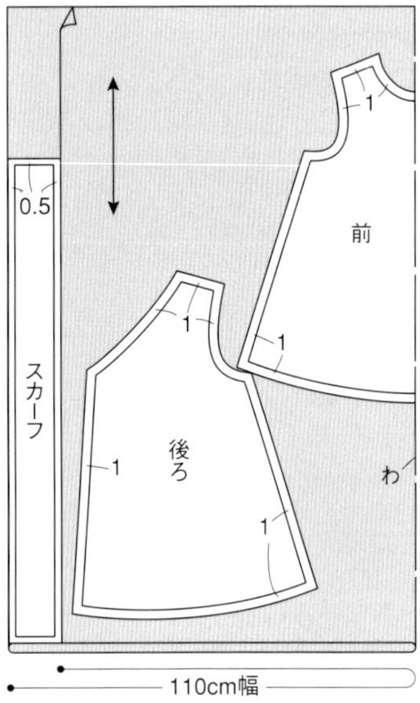

裏布
110cm幅

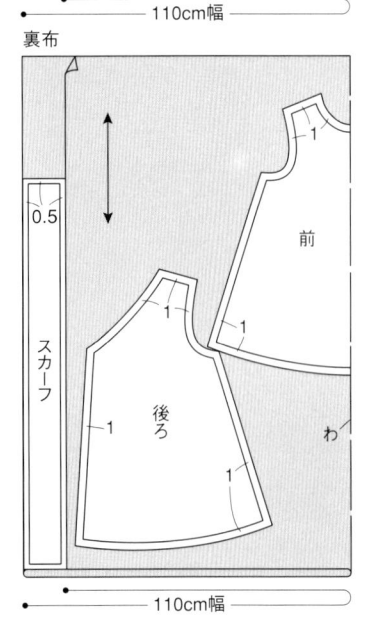

h →p.11　o →p.17右

ノースリーブシャツ＋ブルーマーズ　6、12か月

●ノースリーブシャツの材料
表布＝スイス製コットン110cm幅40cm（6か月）／45cm（12か月）　リックラック0.4cm幅80cm
コットンテープ0.5cm幅80cm　ボタン直径1.1cmを2個

●ノースリーブシャツの縫い方順序
① 肩を縫う→縫い代は後ろ側に倒す　② 衿ぐりにリックラックをつけ、コットンテープで始末する　③ 脇を縫う→縫い代は後ろ側に倒す　④ 袖ぐりにリックラックをつけ、コットンテープで始末する　⑤ 裾を縫う　⑥ ボタンホールを作り、ボタンをつける

●ポイント
シャツのパターンは、p.35aの前後身頃と同じものを使っています。シンプルで風通しのいいデザインです。
ブルーマーズの 材料と縫い方は、p.40を参照してください。

裁合せ図

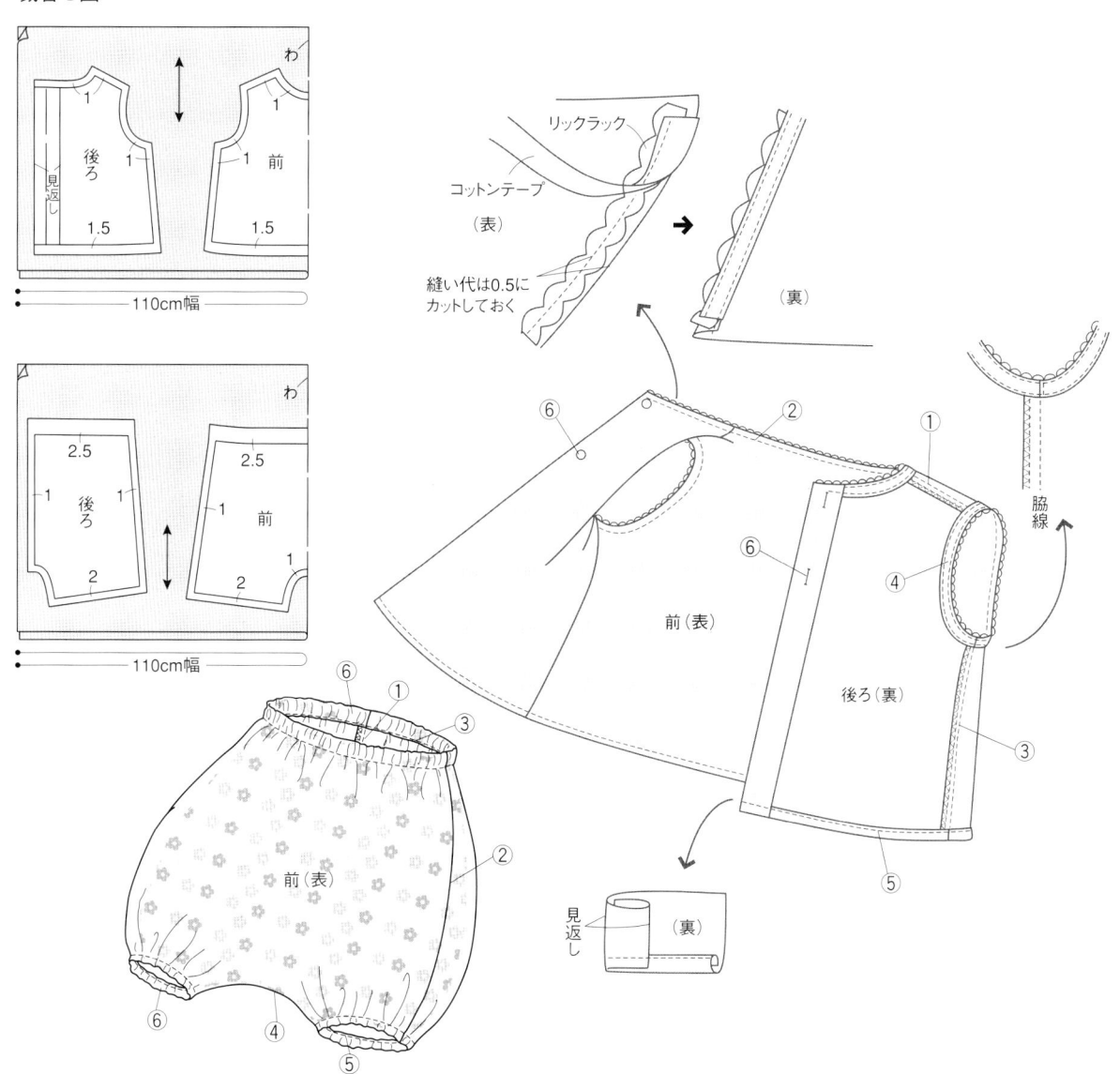

→ p.01 **h** → p.11 **o** → p.17

ボンネット 6、12か月

●材料
表布＝コットン60×35cm（6か月）／60×40cm（12か月）
裏布＝コットン60×35cm（6か月）／60×40cm（12か月）
コットンテープ0.5cm幅50cm

●縫い方順序
① 表裏それぞれ、クラウンのトップとサイドを縫う→縫い代は割る　② ブリムを縫い、表に返してステッチをかける　③ 裏布を縫い合わせる　④ テープをはさんで、ブリムのつけ止りから首回りを縫う　⑤ 表に返してブリムを整え、縫い代を中とじする　⑥ ブリムつけ位置に表からステッチをかける

●ポイント
夏は涼しく、冬は暖かい素材で作ってあげたいアイテムです。

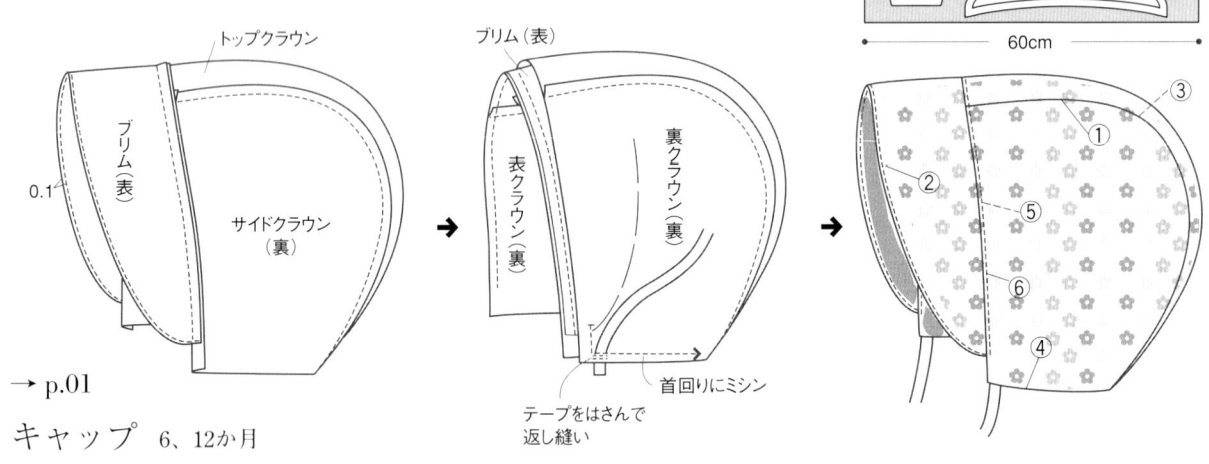

→ p.01

キャップ 6、12か月

●材料
表布＝コットン110cm幅20cm（6か月）／25cm（12か月）
裏布＝コットン110cm幅20cm（6か月）／25cm（12か月）
コットンテープ0.5cm幅50cm

●縫い方順序
① 表裏それぞれ、6枚のクラウンを縫い合わせる→縫い代は表裏が互い違いになるように、一方方向に倒す　② ブリムを縫い、表に返してステッチをかける　③ ブリムと裏クラウンの表面を合わせ、テープをはさんで縫う　④ 表裏のクラウンを合わせて、ブリムより後ろ部分を縫う　⑤ 表クラウンの縫い代を折る　⑥ クラウンの頂点の縫い代を中とじする　⑦ 表クラウンをブリムつけ位置に合わせ、ステッチで押さえる

●ポイント
薄い布地を使う場合は、縫い代が透けて見えるので互い違いにしないで、表裏とも同じ方向に倒します。

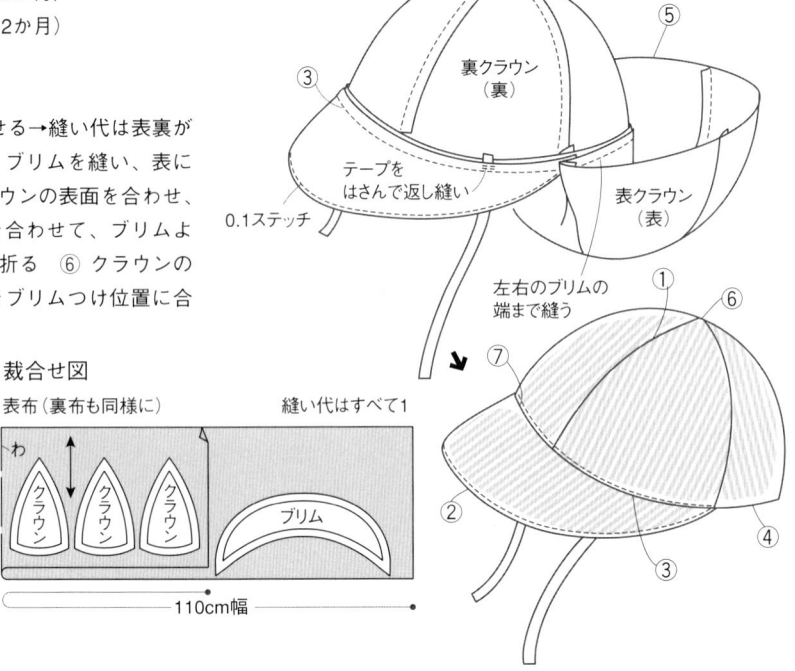

i →p.12　j →p.13　l →p.15

パンツ　6、12か月

●材料
表布＝ウールフリース150cm幅50cm（6か月）／60cm（12か月）
ゴムテープ1.2cm幅41cm（6か月）／44cm（12か月）

●縫い方順序
① 後ろにポケットをつける　② 前後の股上を縫う→縫い代は互い違いに倒す　③ ウエストを縫う　④ 股下を縫う→縫い代は後ろ側に倒す　⑤ 裾を縫う　⑥ ウエストにゴムテープを通す

●ポイント
肌触りのいいフリースを使っていますが、素材を替えて作れば、どの季節にも重宝するシンプルなパンツです。パターンはbのパンツと同じです。

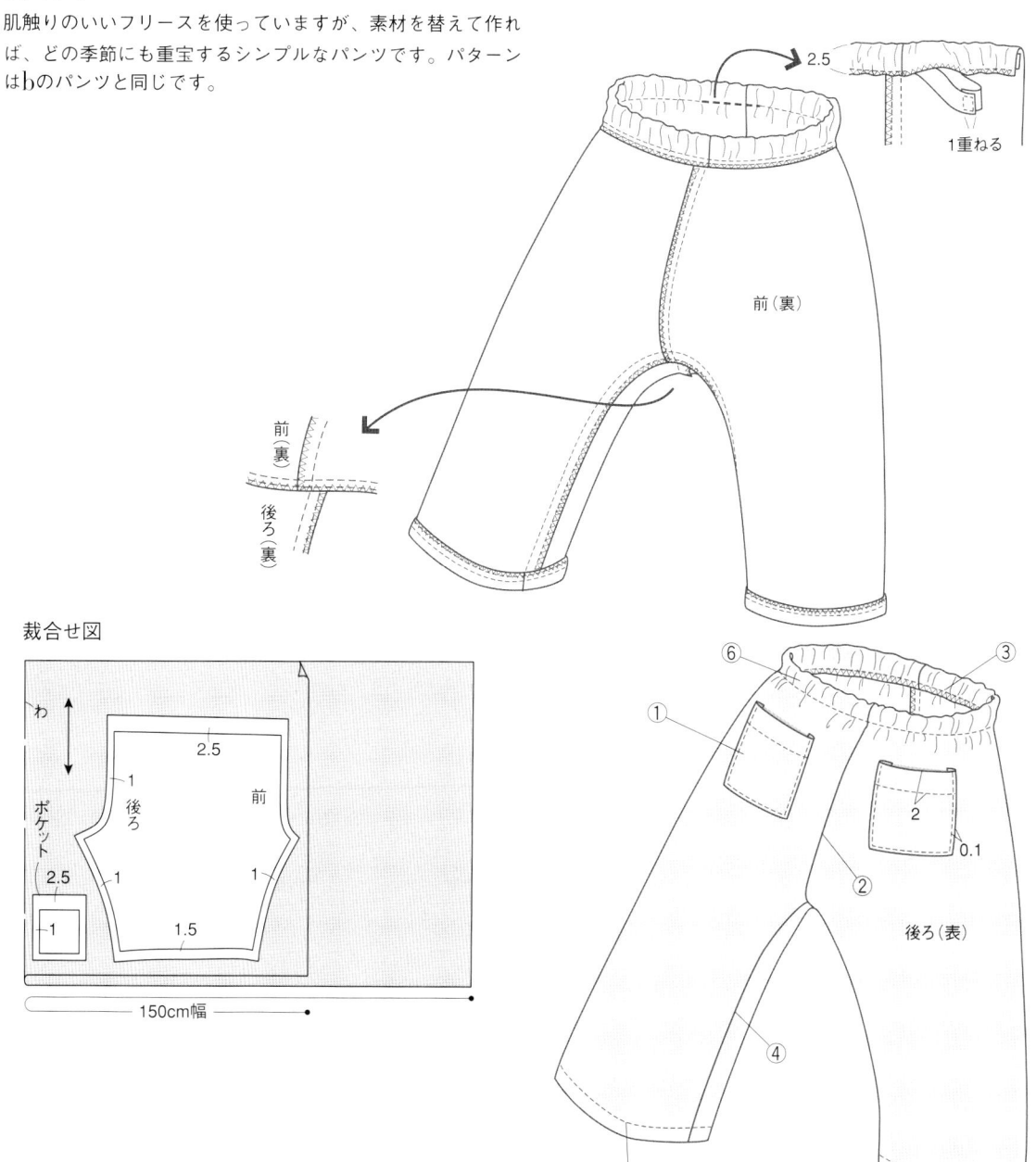

i → p.12　k → p.13

フードつきジャケット　6、12か月

●材料
表布＝ウールフリース150cm幅60cm（6か月）／65cm（12か月）　裏布＝コットン（チェック）50×35cm
コットンテープ0.9cm幅1m50cm　ボタン直径1.2cmを8個

●縫い方順序
① 飾りフラップを作る　② 飾りフラップを身頃につける　③ 脇を縫う→縫い代は後ろ側に倒す　④ 裾にステッチをかける　⑤ 袖下を縫う→縫い代は後ろ側に倒す　⑥ 袖口にステッチをかける　⑦ 袖をつける→縫い代は袖側に倒す　⑧ 表裏それぞれのフードの中心を縫う　⑨ フードを身頃につける　⑩ 前端と衿ぐりをテープで始末する　⑪ ボタンホールを作り、ボタンをつける

●ポイント
フリースはボタンホールが伸びるので、ボタンのサイズよりやや小さめに作ります。

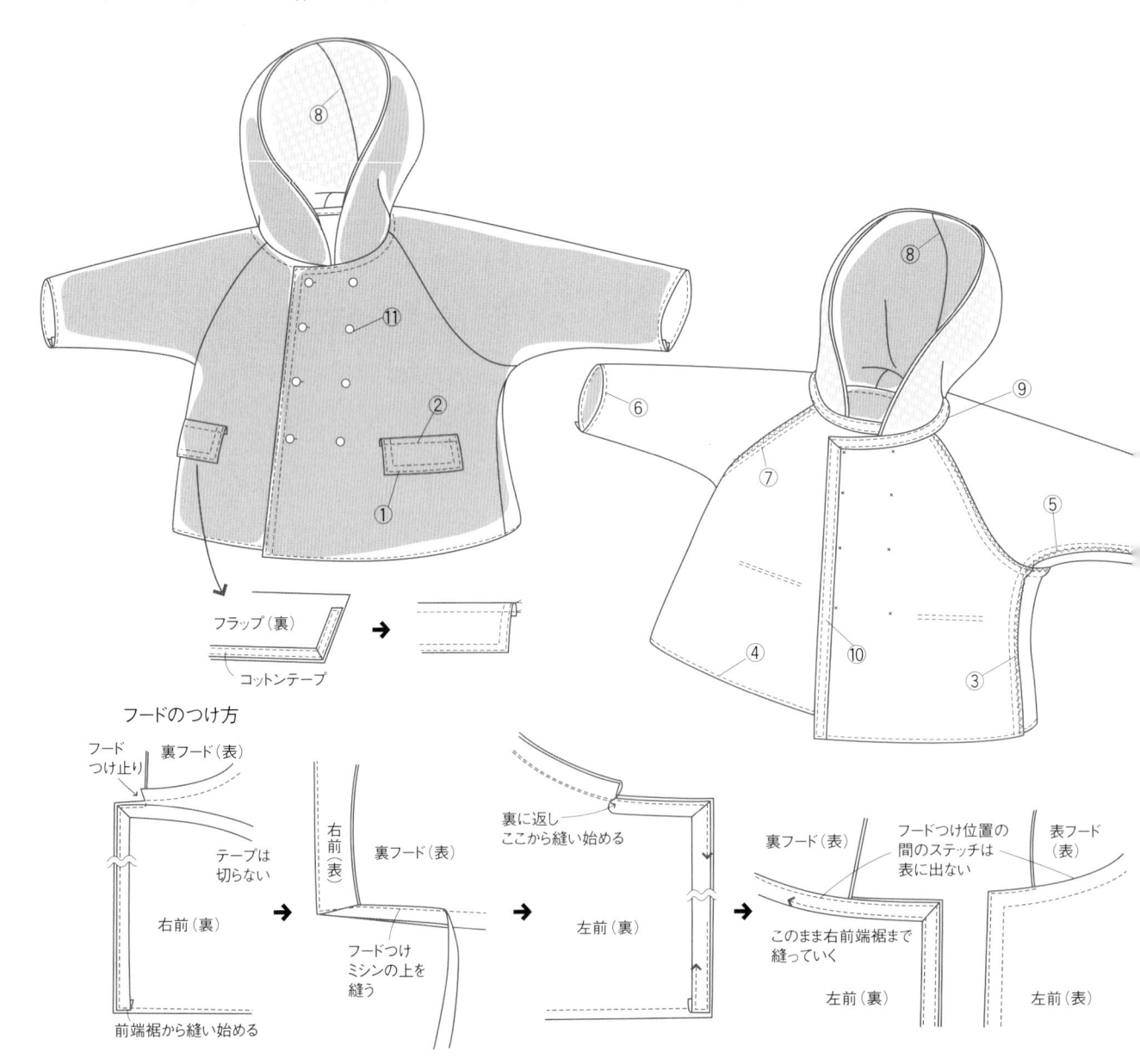

フラップ（裏）
コットンテープ

フードのつけ方

フードつけ止り　裏フード（表）
右前（裏）
テープは切らない
前端裾から縫い始める

右前（表）　裏フード（表）
フードつけミシンの上を縫う

裏に返しここから縫い始める
左前（裏）

裏フード（表）　フードつけ位置の間のステッチは表に出ない　表フード（表）
このまま右前端裾まで縫っていく
左前（裏）　左前（表）

j → p.13

ベスト　6、12か月

●材料
表布＝ウールフリース80×35cm（6か月）／80×40cm（12か月）
裏布＝コットン（無地）80×35cm（6か月）／80×40cm（12か月）　ベルベットリボン0.3cm幅50cm

●縫い方順序
① 表裏それぞれの肩を縫う→縫い代は割る　② 表の前端にリボンを仮止めしておく　③ 前端、衿ぐりを縫う　④ 袖ぐりを縫う　⑤ 肩から前身頃を引き出す　⑥ 脇を表裏続けて縫う→縫い代は割る　⑦ 裾を後ろ中心に返し口を残して縫う　⑧ 表に返して返し口をまつる

●ポイント
ちょっと寒くなったときに便利なベストです。

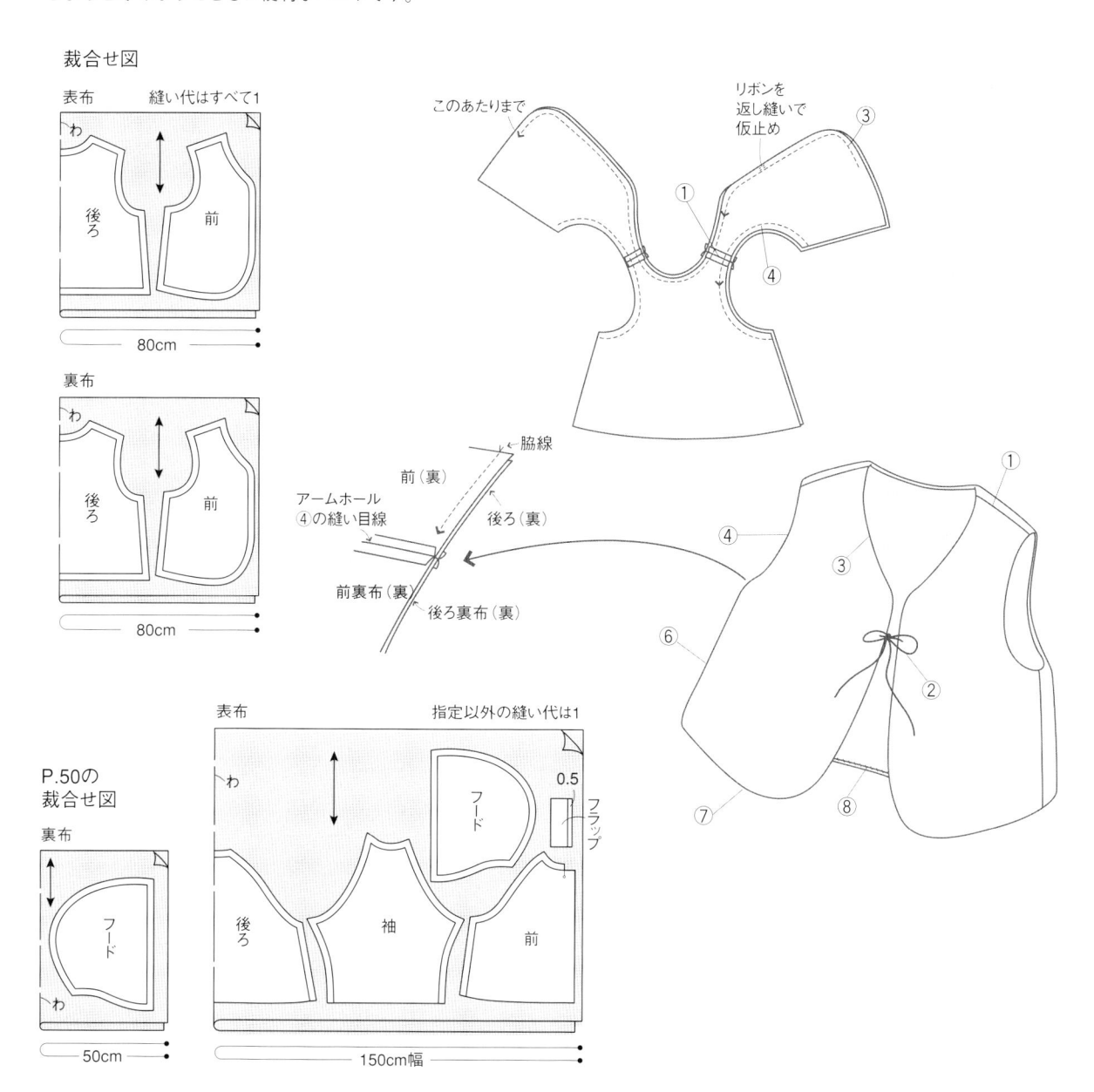

裁合せ図

表布　縫い代はすべて1
わ
後ろ　前
80cm

裏布
わ
後ろ　前
80cm

このあたりまで
リボンを返し縫いで仮止め
①③④

脇線
前（裏）
アームホール
④の縫い目線
後ろ（裏）
前裏布（裏）
後ろ裏布（裏）

①③④⑥⑦⑧②

P.50の裁合せ図

裏布
わ
フード
わ
50cm

表布　指定以外の縫い代は1
わ
後ろ　袖　前
フード　0.5　フラップ
150cm幅

k → p.13

オーバーオールズ 6、12か月

●材料
表布＝コットンコーデュロイ148cm幅75cm（6か月）／80cm（12か月）　裏布＝コットン110cm幅75cm（6か月）／80cm（12か月）
ボタン直径1.5cmを4個、直径1.2cmを6個

●縫い方順序
① 後ろにポケットをつける　② 左右の脇あきを縫う　③ 表裏それぞれの脇を縫う（裏の左脇は返し口を縫い残す）→縫い代は割る　④ 表裏それぞれの前後中心を縫う→縫い代は割る　⑤ 表裏を合わせて袖ぐり、衿ぐりを縫う　⑥ 表側に返してアイロンで整える　⑦ 右裾、股下を続けて縫う　⑧ 左裾は返し口より引き出して縫う　⑨ 返し口をまつる　⑩ 脇のあき止りにステッチをかける　⑪ ボタンホールを作り、ボタンをつける

●ポイント
股下がボタンあきになっているので、着せやすいオーバーオールズです。

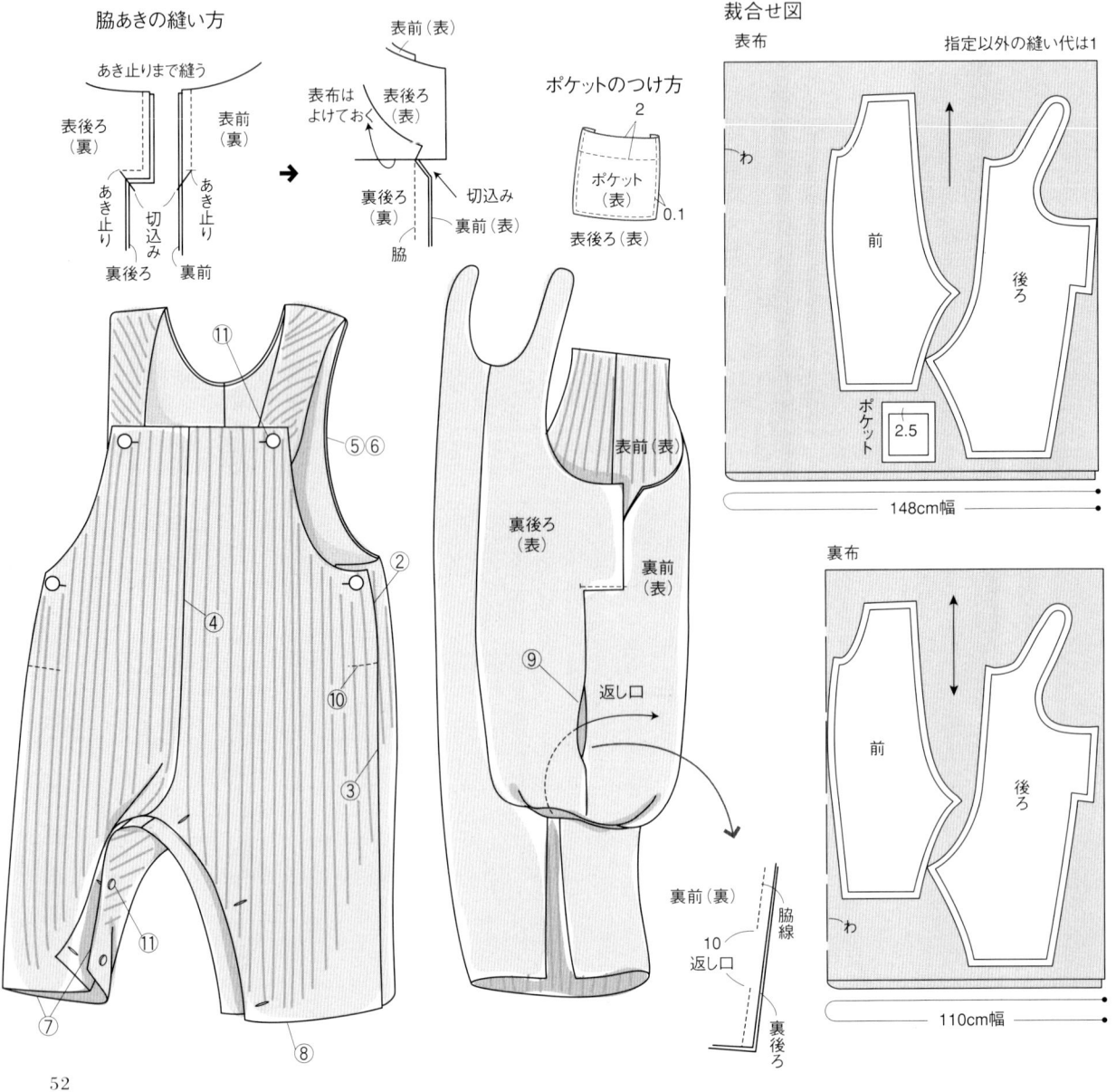

m → p.16

ビブ+ハンカチ 6〜12か月

●ビブの材料
表布、裏布=コットン110cm幅25cm　リックラック0.4cm幅1m20cm　コットンテープ0.5cm幅1m30cm　ボタン直径1.1cmを2個

●ビブの縫い方順序
① 表布の回りにリックラックを縫いつける　② 表後ろの肩にボタン用のテープを折ってつける　③ 前後の脇に結びひも用のテープをつける　④ 裏布を合わせて回りを縫う(左前肩に返し口を縫い残す)　⑤ 表に返して、返し口をステッチで押さえる　⑥ ボタンをつける

●ポイント
"ビブ"とはよだれかけのことです。いつでも真っ白なものをつけてあげてください。ハンカチもビブと同様に、表布にリックラックを縫いつけてから裏布と合わせて、返し口を残して回りを縫います。表に返して、ステッチで返し口をとじます。

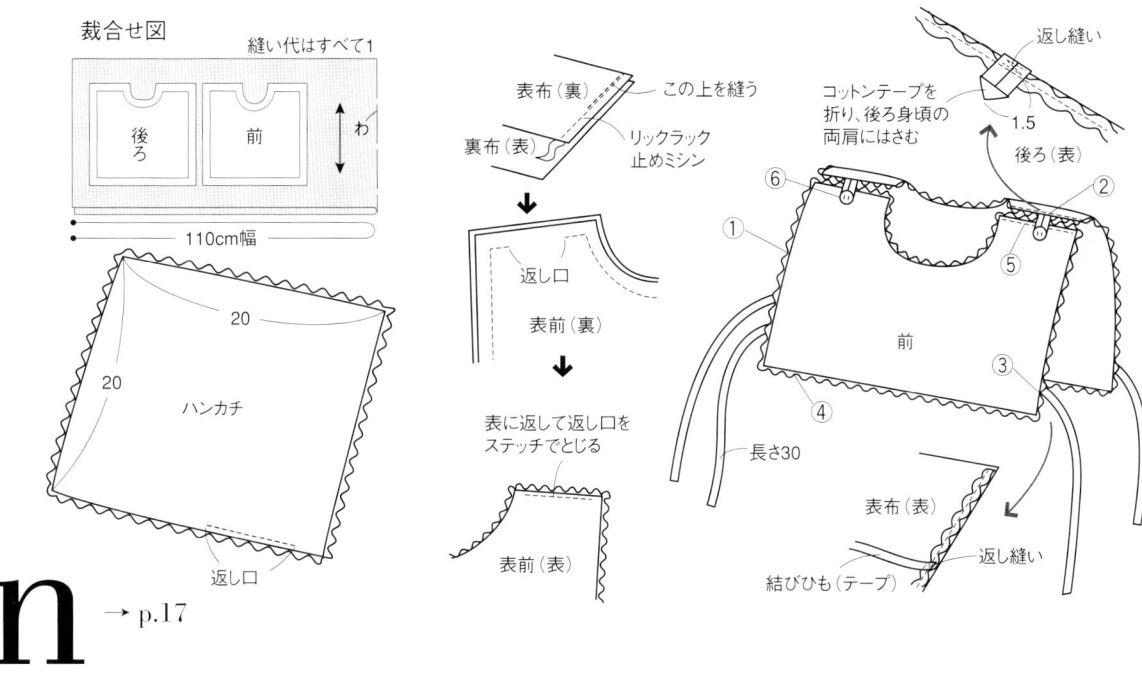

n → p.17

きんちゃく

●材料
表布=コットンフランネル80×30cm
コットンテープ0.9cm幅1m30cm
ボタン直径1.1cmを1個

●縫い方順序
① ポケットを作り(ボタンホールも)、つける　② 脇を縫う→縫い代は割る　③ あきの部分にステッチをかける　④ テープ通し部分を縫う　⑤ テープを通して結ぶ　⑥ ボタンをつける

●ポイント
p.54のピローケース+ブランケットの残り布で作れます。着替えやおむつを入れたりできる便利なアイテムです。

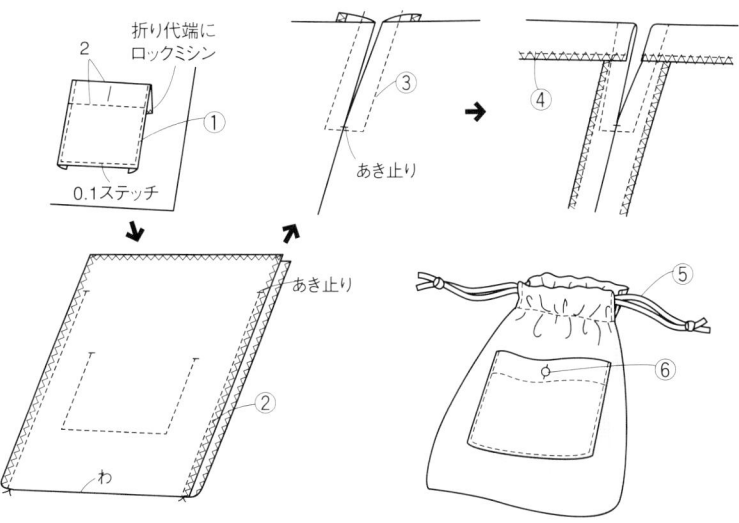

n → p.17

ピローケース+ブランケット

●材料
表布(前布用)=コットンフランネル110cm幅1m35cm　別布(後ろ布用)=コットン110cm幅1m35cm　裏布=コットン50×30cm
ピローケース用コットンテープ0.5cm幅50cm　ピローケース用リックラック0.4cm幅1m　ピロー用木綿わた適宜
ブランケット用リックラック0.6cm幅3m70cm　ブランケット用木綿わたシート103×83cm

●ピローケースの縫い方順序
① 前布の表面にリックラックをつける　②テープをはさんで後ろA布の端を縫う　③ 後ろB布の端を縫い、テープをつける
④ 前布、後ろA、後ろBを重ねて回りを縫う　⑤ 表に返して、裏布で作ったピローを入れる

●ポイント
秋冬は肌触りもよく暖かいコットンフランネル、春夏は汗を吸い取るガーゼなど、季節に合わせた素材を選びましょう。

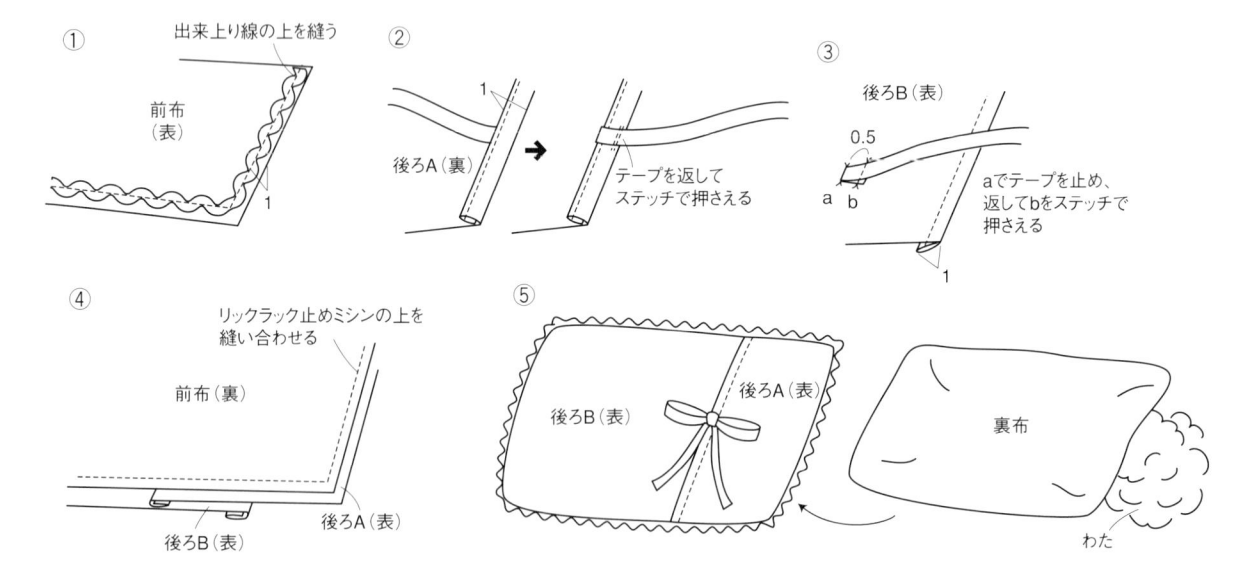

●ブランケットの出来上りサイズ
100×80cm

●ブランケットの縫い方順序
① 前布の表面にリックラックをつける　②後ろ布と木綿わたシートを重ねて縫い代を止めておく　③ 前布と後ろ布を重ねて、返し口を残して回りを縫う　④ 表に返して、返し口をまつる

●ポイント
実物大パターンはありませんので、出来上りサイズ+1.5cmずつの縫い代を周囲につけて、前布、後ろ布、わたシートを裁断します。わたシートの厚みによっては、前後の布を縫い合わせるときにずれやすくなるので、まち針で細かく止めるか、しつけをしっかりかけてからミシンで縫いましょう。

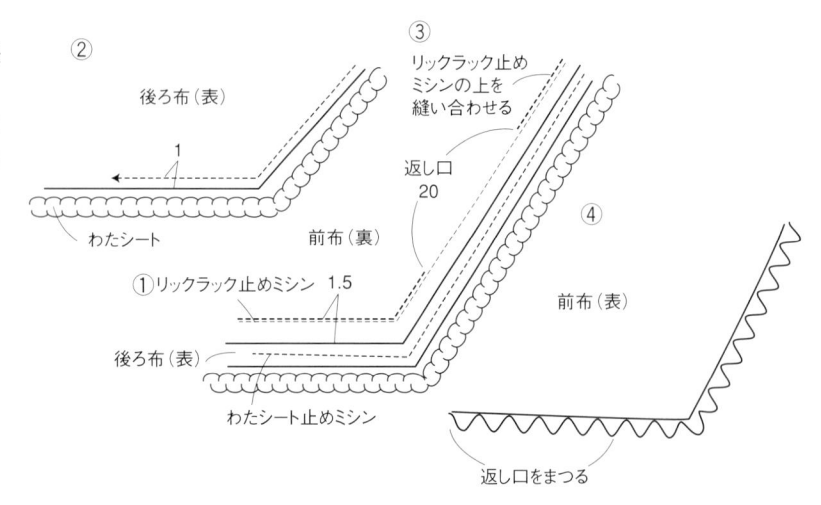

o → p.17

ショートブルーマーズ　6、12か月

●材料
表布＝スイス製コットン110cm幅35cm（6か月）／40cm（12か月）　ウエスト用ゴムテープ0.3cm幅41cm（6か月）／44cm（12か月）
裾用ゴムテープ0.3cm幅22cm×2本（共通）

●縫い方順序
① 脇を縫う→縫い代は後ろ側に倒す
② 股下を縫う→縫い代は後ろ側に倒す
③ ウエストを縫う　④ 裾を三つ折りにして縫う
⑤ ウエストと裾にゴムテープを通す

●ポイント
ドレスの下に合わせたいショートブルーマーズです。

裁合せ図

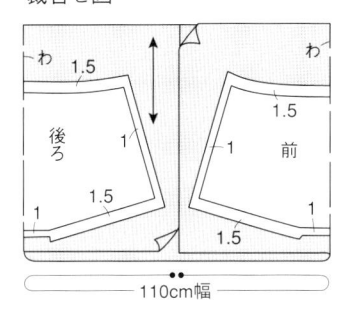

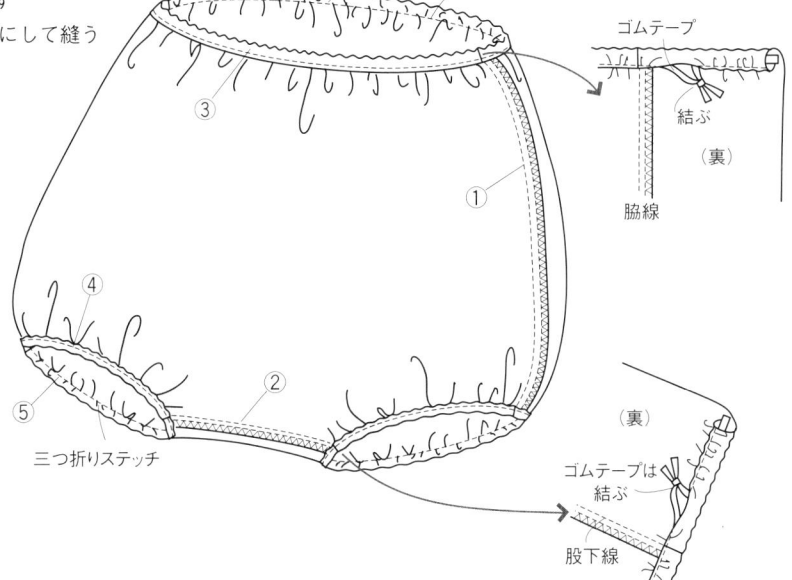

r → p.20

ショルダーバッグ

●材料
表布＝コットン110cm幅45cm
裏布＝コットン110cm幅45cm

●縫い方順序
① 表裏それぞれ、前布とまちを縫う　② 表裏それぞれ、後ろ布とまちを縫う（裏布の底に返し口を縫い残す）　③ 表裏を合わせて、袋口とフラップ部分を縫う　④ 表に返して形を整え、返し口をまつる　⑤ 表裏を合わせて、肩ひもを縫う　⑥ 肩ひもをまちにつける　⑦ バッグの回りとフラップの端にステッチをかける

●ポイント
いつでもどこに行くときも、自分の大切なものが入れられて、出し入れが簡単なシンプルバッグです。

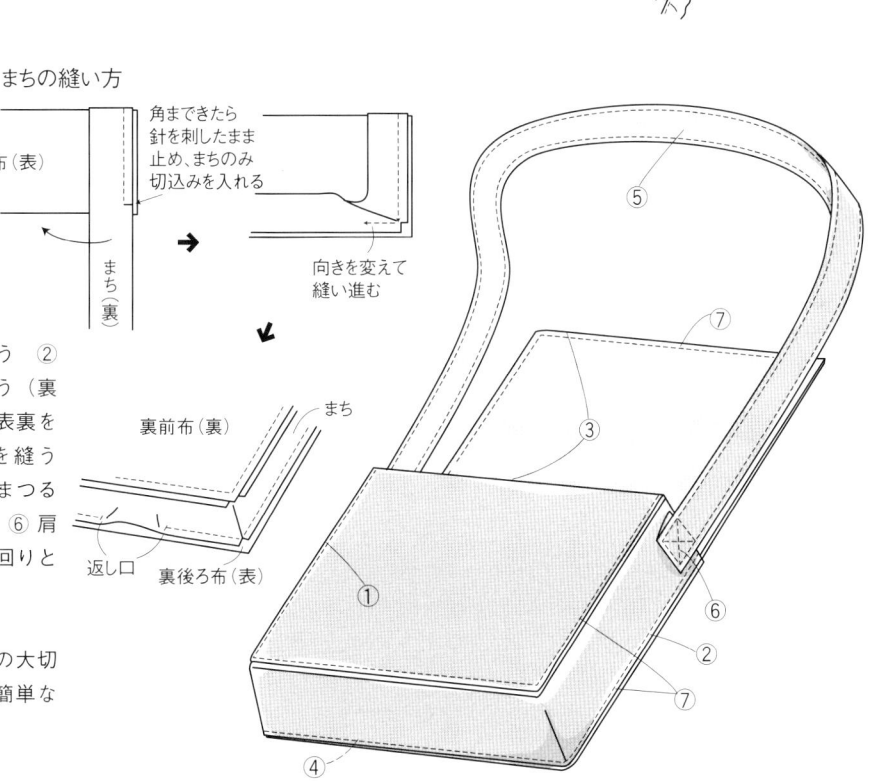

p → p.18

ラウンドカラーワンピース 2〜3歳

●材料
表布＝コットン（プリント）110cm幅95cm　別布＝コットン（無地）110cm幅30cm
接着芯（表衿、裏台衿分）90cm幅10cm　ボタン直径1.1cmを4個

●縫い方順序
① ポケットを作って、つける　② 前中心の短冊あきを作る→詳しくはp.66参照　③ 後ろ身頃にギャザーを寄せる　④ ヨークと後ろ身頃を縫う→詳しくはp.66参照　⑤ ヨークと前身頃を縫う→詳しくはp.66参照　⑥ 袖口にギャザーを寄せ、袖口布をつける　⑦ 袖をつける→縫い代は袖側に倒す　⑧ 袖下から脇を続けて縫う→縫い代は後ろ側に倒す　⑨ 袖口布を縫う　⑩ 裾を三つ折りにして縫う　⑪ 衿を作って、つける→詳しくはp.67参照　⑫ ボタンホールを作って、ボタンをつける

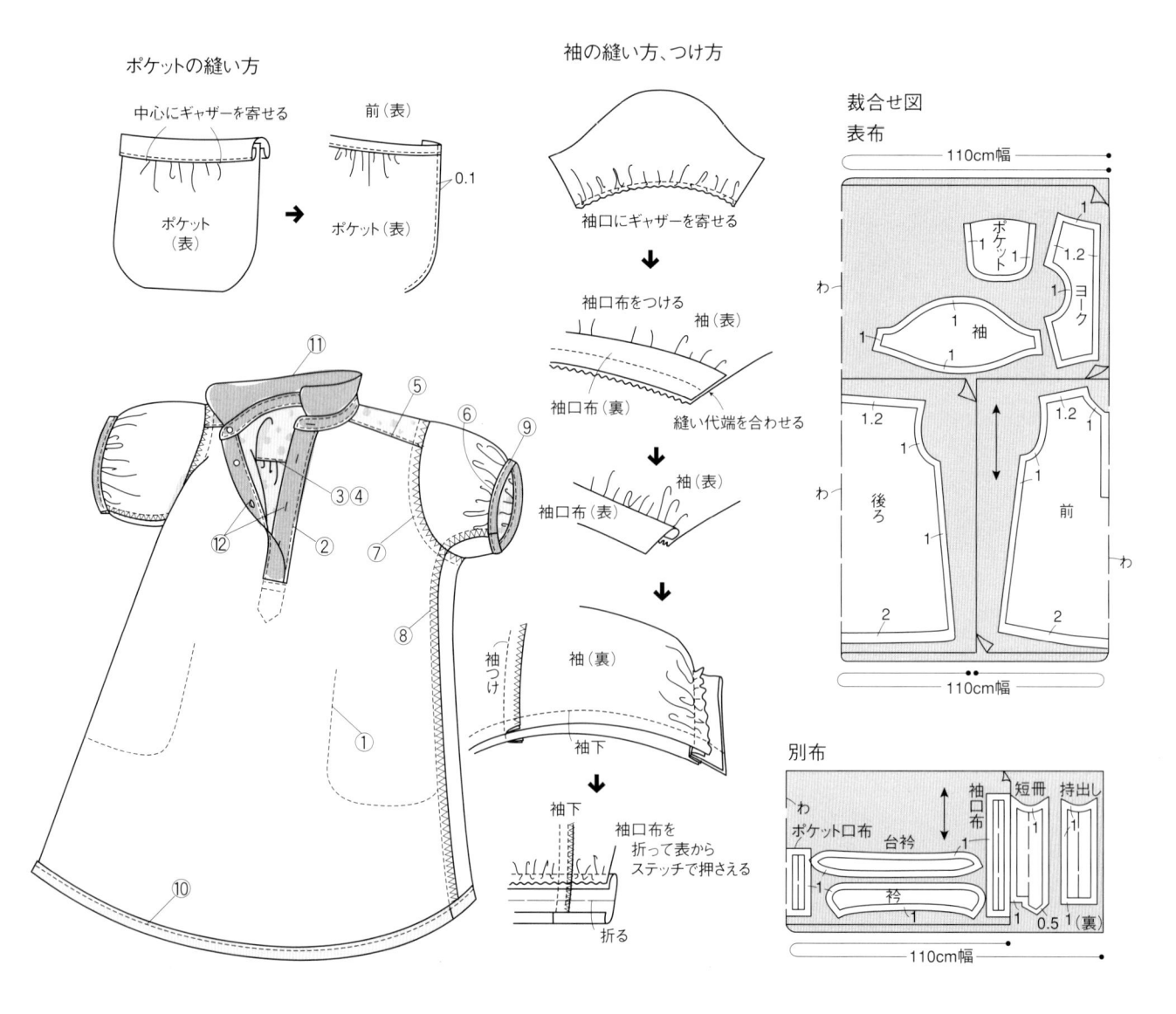

●ポイント
ラウンドカラーとパフスリーブがやわらかい印象のワンピースです。衿と短冊、袖口、ポケット口には、プリントの色の中からシックな色を合わせます。

q → p.18,19

シャツカラーワンピース+スモールバッグ　2~3歳

●材料
表布=コットン（プリント）110cm幅1m5cm　接着芯（表衿、裏台衿分）90cm幅10cm　ボタン直径1.1cmを4個

●ワンピースの縫い方順序
① ポケットを作って、つける　② 前中心の短冊あきを作る→詳しくはp.66参照　③ ヨークと後ろ身頃を縫う→詳しくはp.66参照　④ ヨークと前身頃を縫う→詳しくはp.66参照　⑤ 袖をつける→縫い代は身頃側に倒す　⑥ 袖下から脇を続けて縫う→縫い代は後ろ側に倒す　⑦ 袖口を縫う　⑧ 裾を三つ折りにして縫う　⑨ 衿を作って、つける→詳しくはp.67参照　⑩ ボタンホールを作って、ボタンをつける

●ポイント
作り方は全部同じ布にしていますが、実際の作品では裏台衿、裏ヨークに無地の別布を使っています。衿、台衿、ヨーク、袖のパターンは、p.26（作り方p.67）の半袖シャツと同じです。

裁合せ図

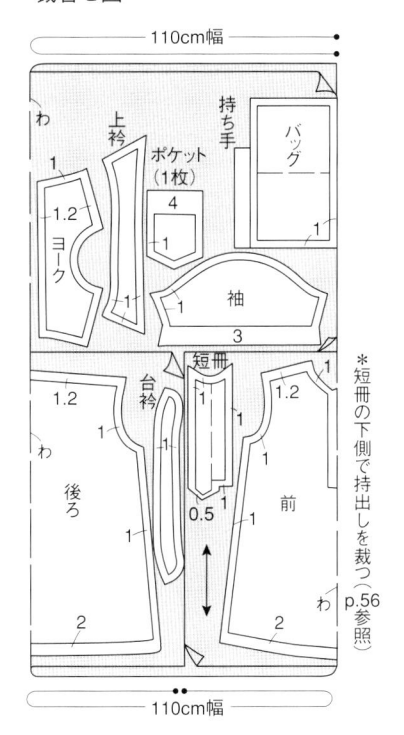

●スモールバッグの縫い方順序
① 持ち手を作る　② 表裏それぞれの脇を縫う（裏布の片方には返し口をあけておく）　③ 表裏の袋口を中表に合わせ、持ち手をはさんで縫う　④ 表裏それぞれのまちを縫う　⑤ 表裏のまちを重ねて縫い、縫い代をカットする　⑥ 返し口から表に返して、返し口をまつる

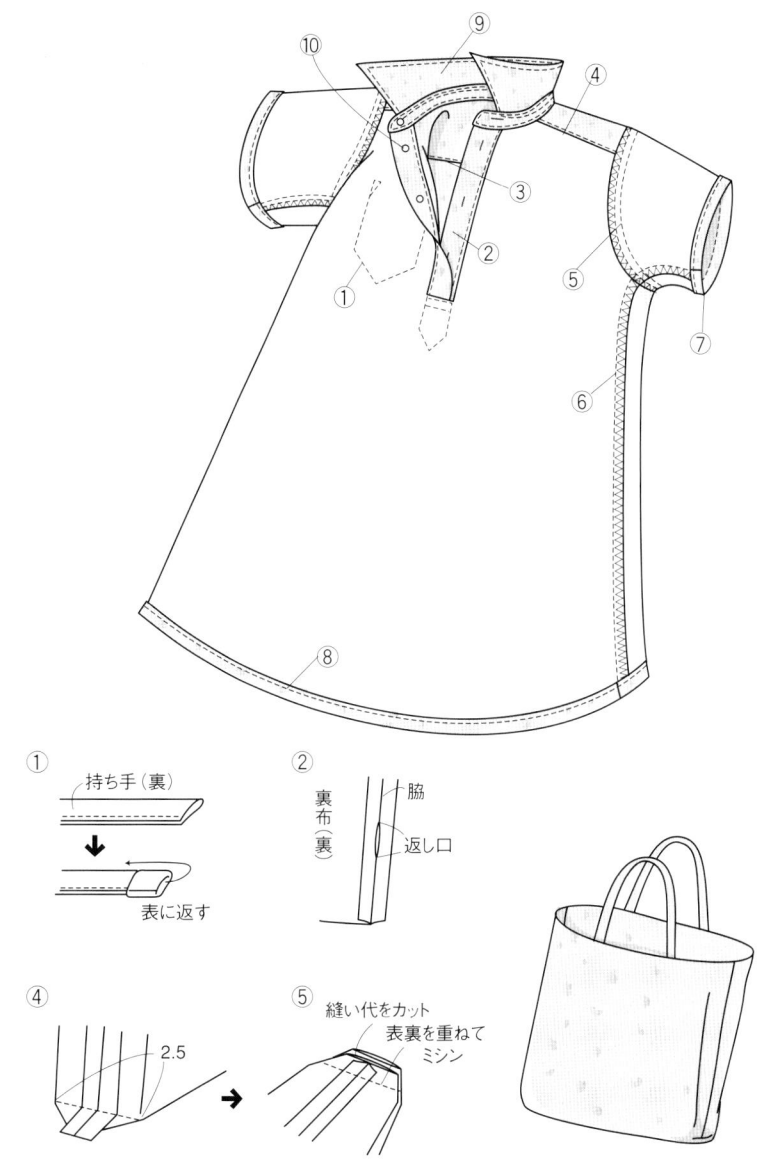

r → p.20,21

スモック　12か月、2～3歳

●材料
表布＝コットン110cm幅90cm（12か月）／95cm（2～3歳用）
衿ぐり用ゴムテープ0.3cm幅40cm（共通）
袖口用ゴムテープ0.3cm幅17cm×2本（共通）
ボタン直径1.5cmを1個

●縫い方順序
① ポケットを作り（ボタンホールも）、つける　② 脇を縫う→縫い代は後ろ側に倒す　③ 裾を折り上げて縫う　④ 袖下を縫う→縫い代は後ろ側に倒す　⑤ 袖口を縫う　⑥ 袖をつける→縫い代は袖側に倒す　⑦ 衿ぐりを縫う　⑧ 衿ぐりと袖口にゴムテープを通す　⑨ ボタンをつける

●ポイント
遊び着としてだけでなく、重ね着もできるアイテムの一つです。
色の組合せを考えて、楽しく着せたいですね。

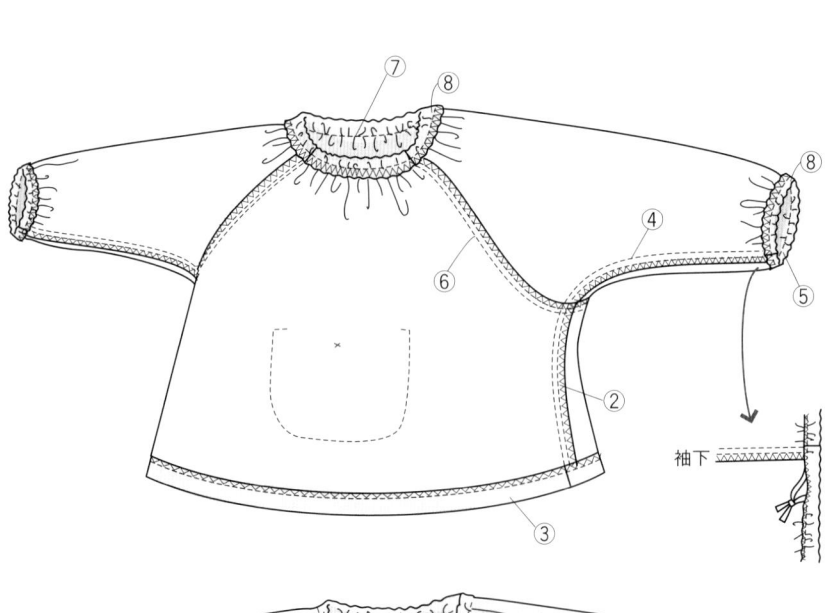

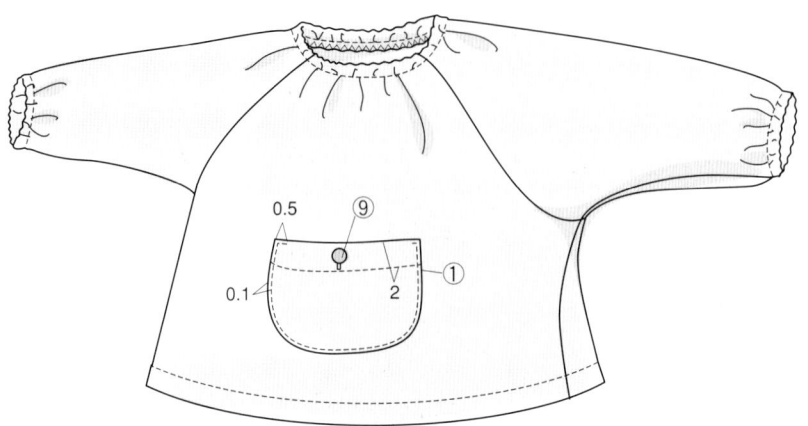

裁合せ図

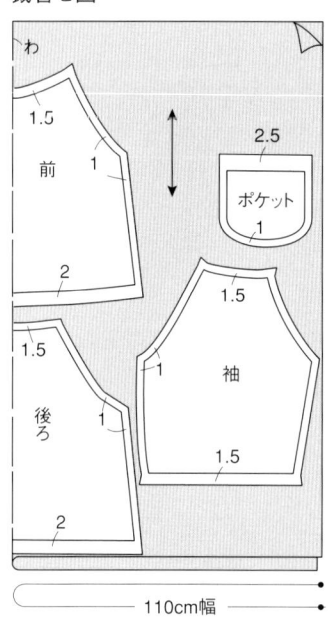

P.59パンツの裁合せ図

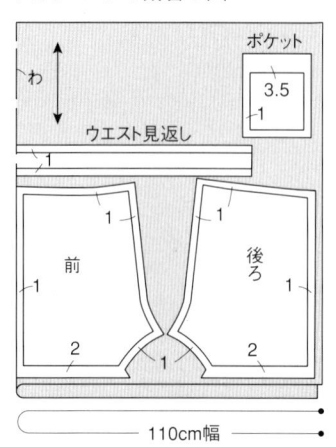

r → p.20

カジュアルシャツ　12か月、2〜3歳

- ●材料　表布＝コットン110cm幅75cm（12か月）／80cm（2〜3歳用）　ボタン直径1.1cmを4個
- ●縫い方順序

① 後ろ中心のタックを縫う　② ポケットを作り、つける　③ 前後身頃の裾をそれぞれ三つ折りにして縫う　④ 肩を縫う→縫い代は後ろ側に倒す　⑤ 袖をつける→縫い代は袖側に倒す　⑥ 袖下から脇を縫う→縫い代は後ろ側に倒す　⑦ 袖口を縫う　⑧ 衿を作って、つける→p.35参照　⑨ ボタンホールを作って、ボタンをつける

裁合せ図

r → p.20　s → p.22　v → p.28

ショートパンツ　12か月、2〜3歳

- ●材料　表布＝コットン110cm幅60cm（12か月）
65cm（2〜3歳用）
ゴムテープ1.2cm幅48cm（12か月）
49cm（2〜3歳用）
ボタン直径1.2cmを2個
- ●縫い方順序

① ポケットを作り（ボタンホールも）、後ろにつける　② 前後の股上を縫う→縫い代は互い違いに倒す　③ 脇を縫う→縫い代は後ろ側に倒す　④ 股下を縫う→縫い代は後ろ側に倒す　⑤ 裾を折り上げて縫う　⑥ ウエストに見返しをつける　⑦ ウエストにゴムテープを通す　⑧ ボタンをつける

- ●ポイント

シンプルではきやすく、おしゃれ着にも普段着にも重宝するパンツです。

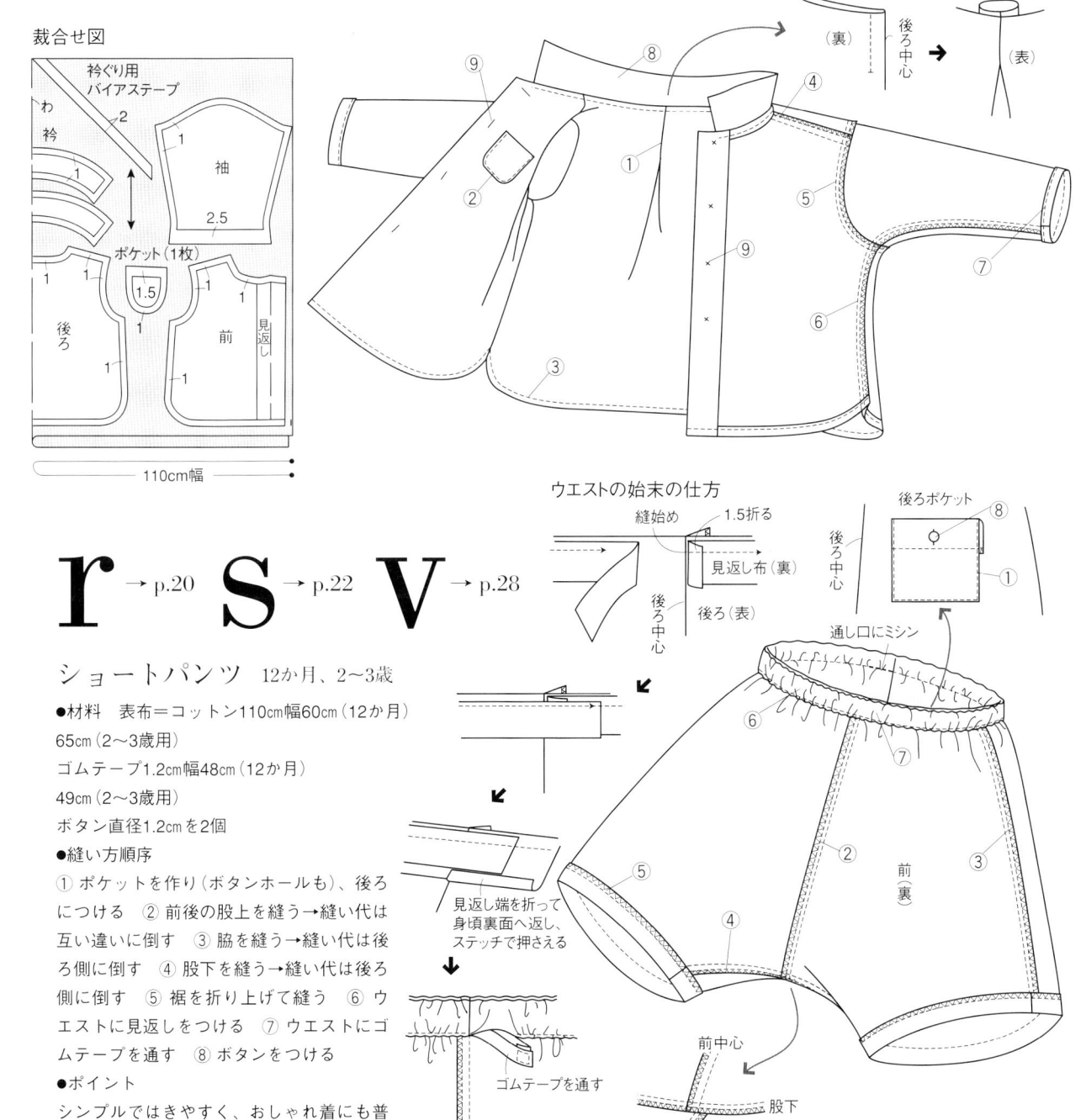

S → p.22,23

テーラードジャケット 2〜3歳

●材料
表布＝コットン110cm幅1m10cm
裏布(裏衿、裏台衿、裏ポケット、パイピング布用)＝薄手コットン110cm幅1m
接着芯(裏衿、表台衿)少々　ボタン直径1.8cmを3個　力ボタン3個

●縫い方順序
① ポケットを作る　② 後ろ中心を縫い、ベンツを作る→縫い代はパイピングして左側に倒し、表からステッチ　③ 前脇を縫う→縫い代はパイピングして前身頃側に倒し、表からステッチ　④ ポケットをつける　⑤ 後ろ脇を縫う→縫い代はパイピングして後ろ身頃側に倒し、表からステッチ　⑥ 肩を縫う　⑦ 衿を作る　⑧ 表台衿と身頃を縫い合わせる　⑨ 前見返しと身頃を縫い、肩の縫い代を一緒にパイピングする→肩の縫い代は後ろ側に倒す　⑩ 裏台衿を身頃につける　⑪ 肩に表からステッチをかける　⑫ 裾を折り上げて、表からステッチをかける　⑬ 袖の外側を縫う→縫い代はパイピングして外袖側に倒し、表からステッチ　⑭ 袖の内側を縫う→縫い代は1枚ずつパイピングして割る　⑮ 袖口を縫う　⑯ 袖をつける→縫い代はパイピングして、袖側に倒す　⑰ ボタンホールを作り、ボタンをつける

●ポイント
好みや布地によって、かちっと仕上げたい場合は、表衿、裏台衿、前見返し、ベンツの持出しと見返し部分にも接着芯をはります。

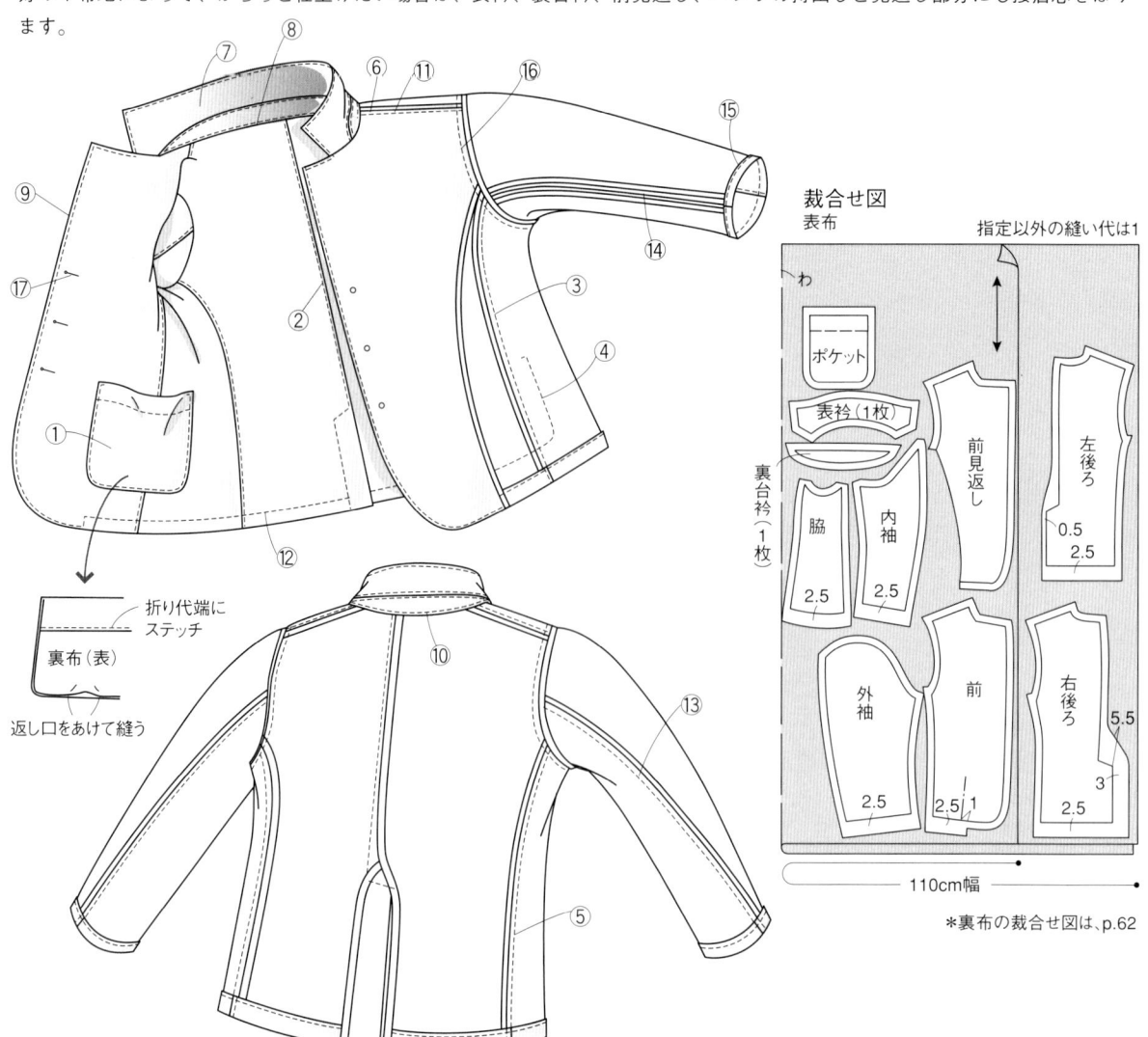

裁合せ図
表布

指定以外の縫い代は1

*裏布の裁合せ図は、p.62

ベンツの縫い方

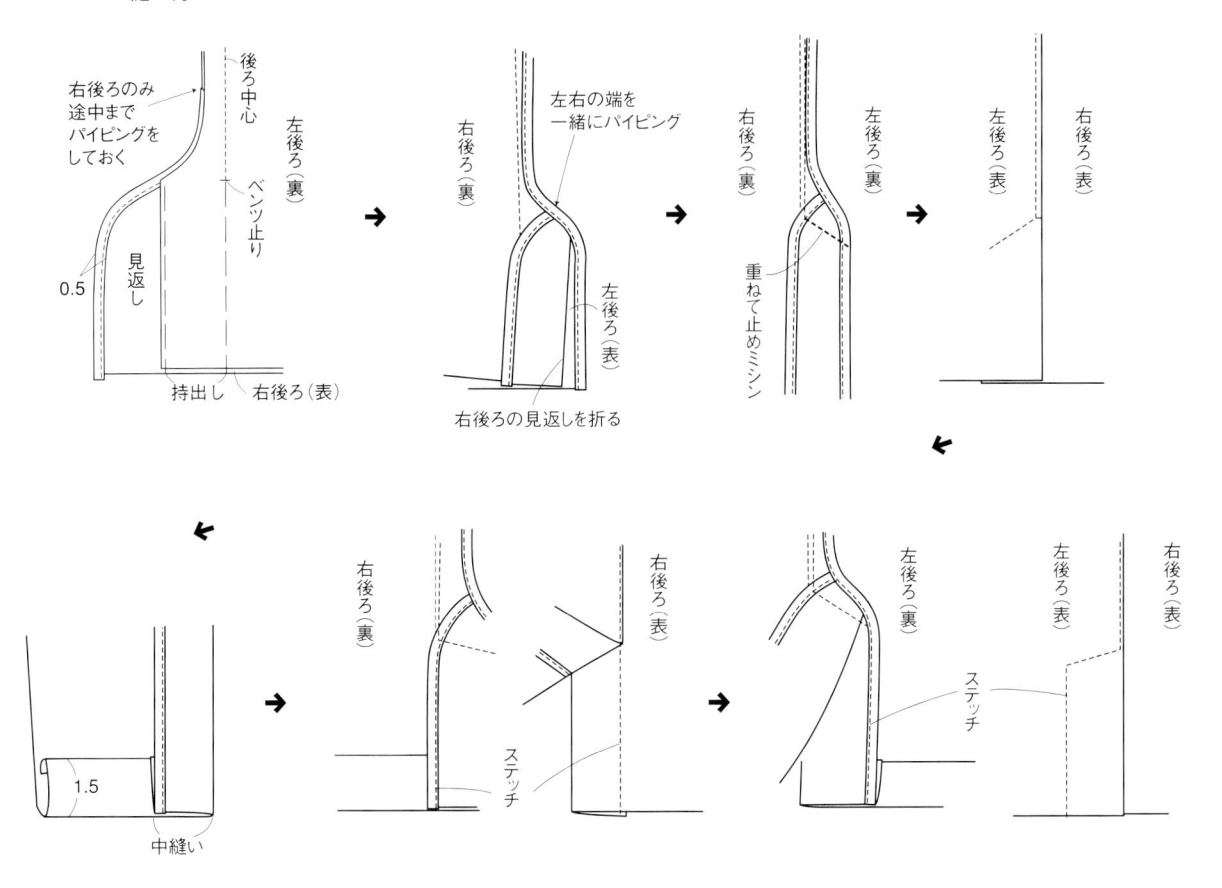

右後ろのみ途中までパイピングをしておく
後ろ中心
左後ろ(裏)
ベンツ止り
見返し
0.5
持出し
右後ろ(表)

左右の端を一緒にパイピング
右後ろ(裏)
左後ろ(裏)
左後ろ(表)
右後ろの見返しを折る

右後ろ(裏)
左後ろ(裏)
重ねて止めミシン

左後ろ(表)
右後ろ(表)

1.5
中縫い

右後ろ(裏)
右後ろ(表)
ステッチ

左後ろ(裏)
左後ろ(表)
右後ろ(表)
ステッチ

衿の縫い方

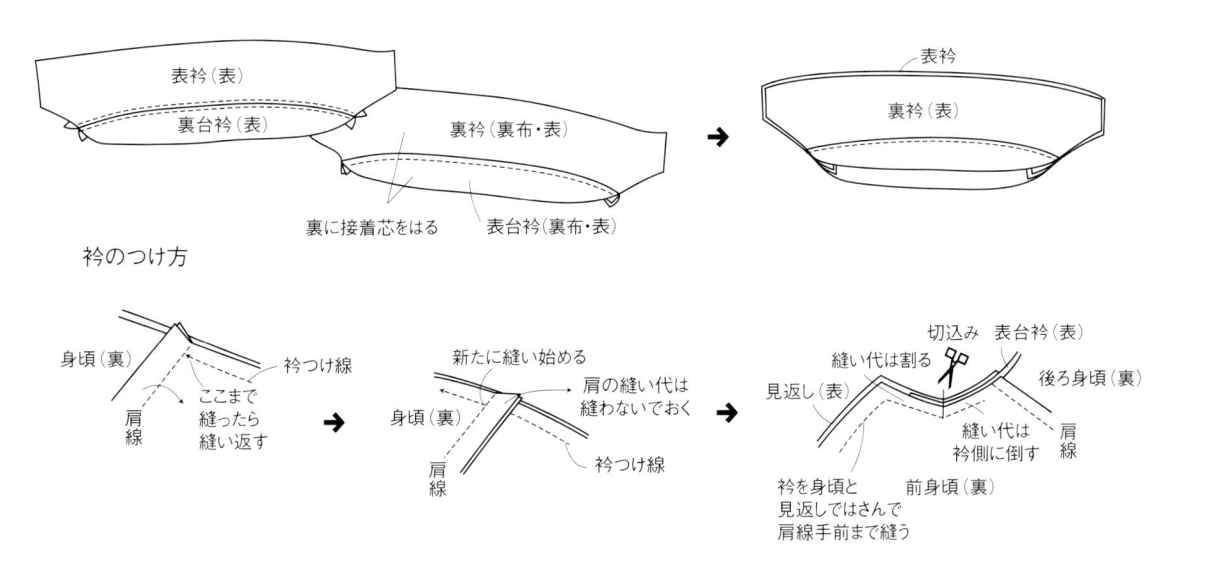

表衿(表)
裏台衿(表)
裏衿(裏布・表)
裏に接着芯をはる
表台衿(裏布・表)

→

表衿
裏衿(表)

衿のつけ方

身頃(裏)
衿つけ線
肩線
ここまで縫ったら縫い返す

新たに縫い始める
肩の縫い代は縫わないでおく
身頃(裏)
肩線
衿つけ線
衿を身頃と見返しではさんで肩線手前まで縫う

切込み
表台衿(表)
縫い代は割る
後ろ身頃(裏)
見返し(表)
縫い代は衿側に倒す
肩線
前身頃(裏)

S → p.22,23

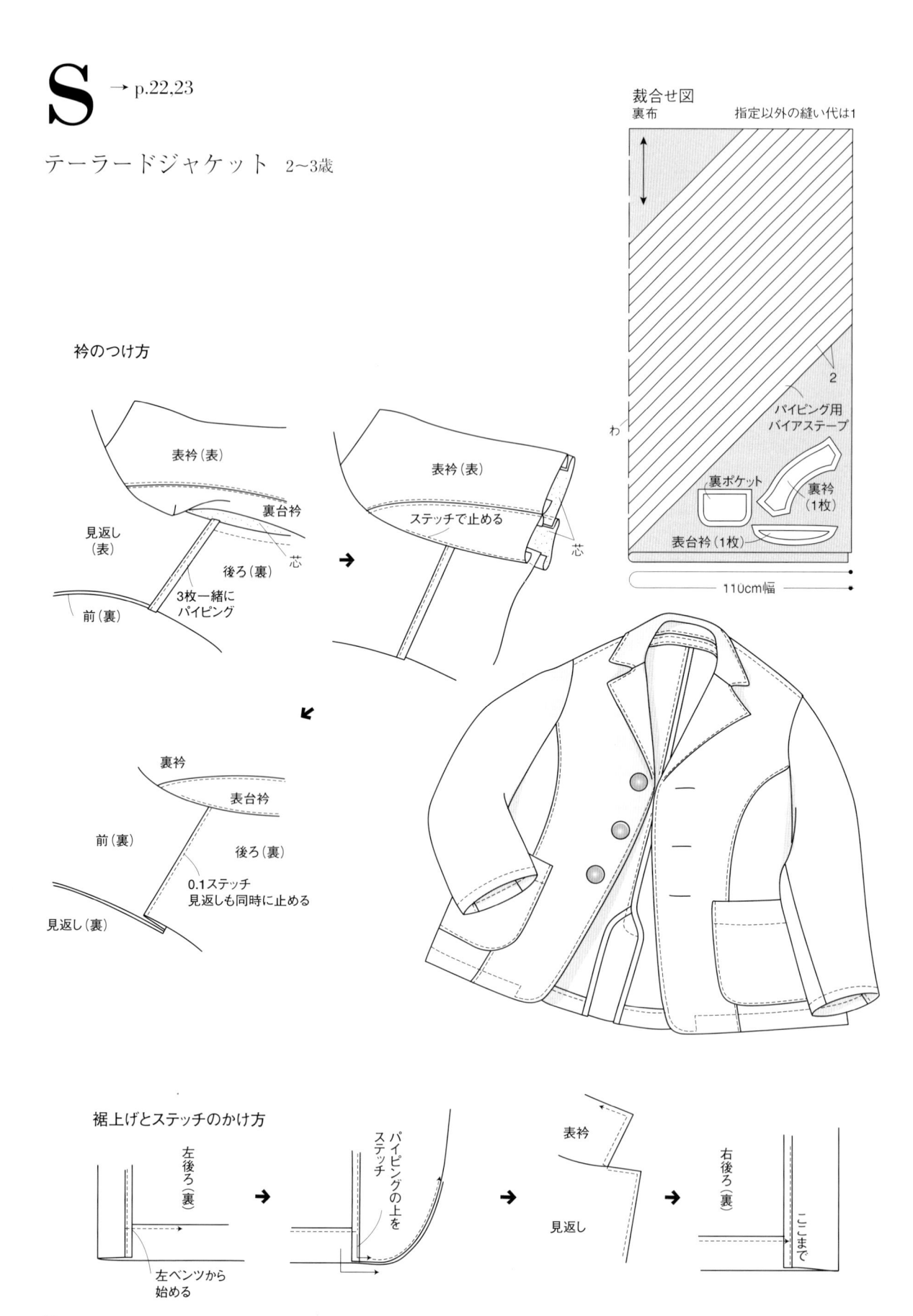

テーラードジャケット 2～3歳

裁合せ図
裏布　　　指定以外の縫い代は1

パイピング用バイアステープ
裏ポケット
裏衿（1枚）
表台衿（1枚)
わ
2
110cm幅

衿のつけ方

表衿（表）
裏台衿
見返し（表）
芯
後ろ（裏）
前（裏）
3枚一緒にパイピング

表衿（表）
ステッチで止める
芯

裏衿
表台衿
前（裏）
後ろ（裏）
見返し（裏）
0.1ステッチ
見返しも同時に止める

裾上げとステッチのかけ方

左後ろ（裏）
左ベンツから始める

パイピングの上をステッチ

表衿
見返し

右後ろ（裏）
ここまで

62

t → p.24,25　　x → p.30　　y → p.30

フードつきジャケット　2~3歳

- ●材料　表布=ウールフェルト150cm幅75cm　裏布=コットン110cm幅25cm　オープンファスナー長さ32cmを1本
- ●縫い方順序　① 箱ポケットを作る　② ヨークと後ろ身頃を縫う→縫い代はヨーク側に倒す　③ 肩を縫う→縫い代は後ろ側に倒す　④ 袖をつける→縫い代は身頃側に倒す　⑤ 袖下から脇を続けて縫う→縫い代は後ろ側に倒す　⑥ 袖口を縫う　⑦ フードのタックをたたむ　⑧ フードの後ろ中心を縫う→縫い代は左側に倒す　⑨ フード回りに見返しをつける　⑩ フードをつける→縫い代は身頃側に倒す　⑪ ファスナーをつける　⑫ フードの見返しをステッチで止める　⑬ 裾を折り上げて縫う
- ●ポイント　表布の縫い代はすべて、ピンキングばさみでカットしています。2枚を合わせて縫ったら、一緒にはさみでカットして倒し、ステッチをかけます。x、yのようにコットンで作る場合は、見返しと袋布Aも表布で裁ちます。布端はロックミシンで始末し、裾と袖口は3cmの縫い代をつけて三つ折りにしてステッチをかけます。

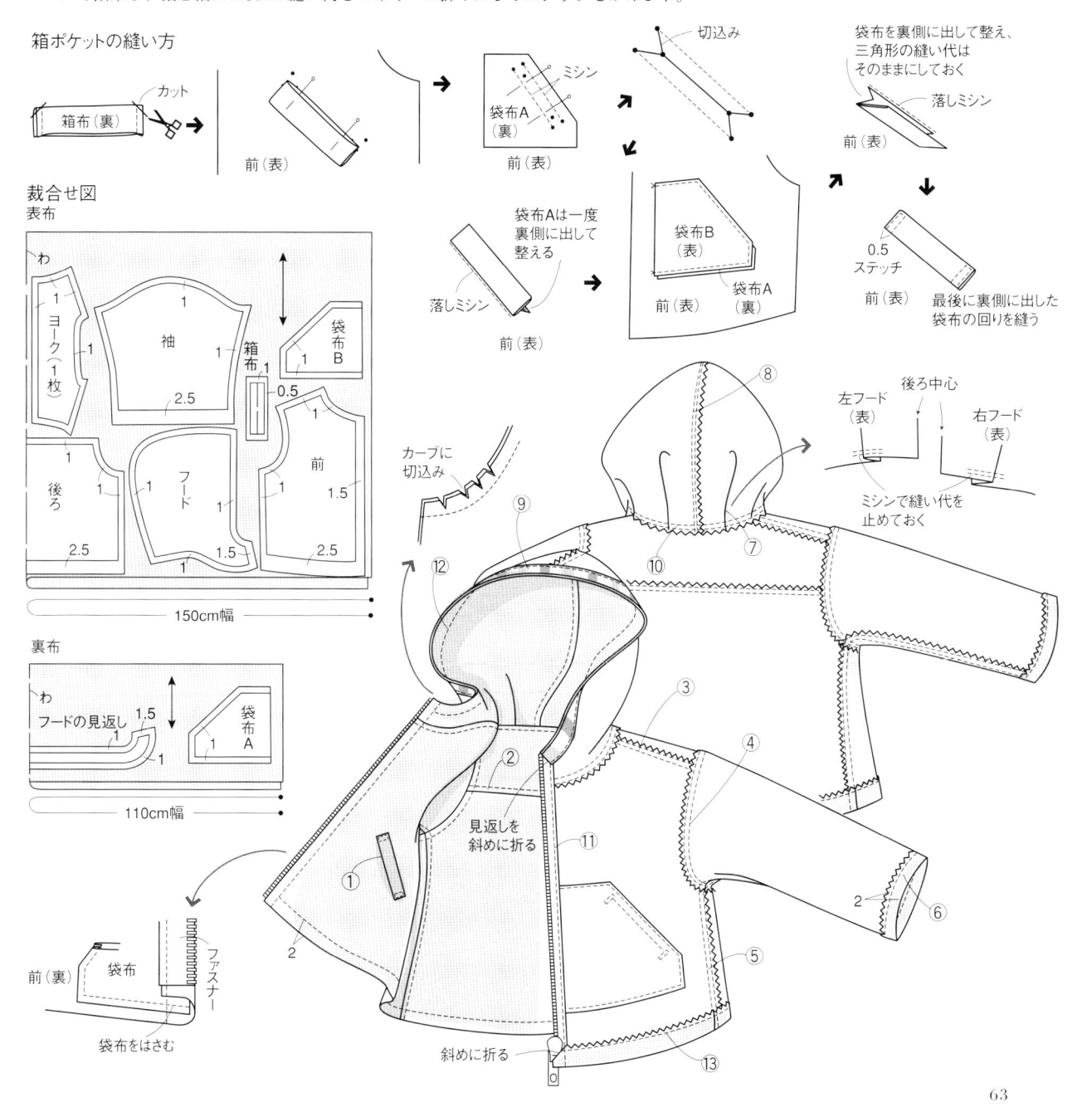

t → p.25

セーラーパンツ　2〜3歳

- ●材料
表布＝ウールフェルト150cm幅60cm　裏布＝コットン110cm幅55cm　ゴムテープ1.2cm幅19cm　ボタン直径1.5cmを5個
- ●縫い方順序
① 表裏それぞれ、後ろ中心を縫う→縫い代は割る　② 表裏それぞれ、後ろ脇に持出しをつける→縫い代は割る　③ 表裏を合わせて、後ろウエストを縫う　④ 後ろウエストにゴムテープを入れる　⑤ 持出しの両端を縫い、表に返してゴムテープを伸ばしながらステッチをかける　⑥ 表裏それぞれ、前中心を縫う→縫い代は割る　⑦ 前ウエストと脇あきの部分を縫う　⑧ 表裏それぞれ、脇を縫う→縫い代は割る　⑨ 表裏それぞれ、股下を縫う→表の縫い代は割り、裏は後ろ側に倒す　⑩ 表裏それぞれ、裾を上げて縫う　⑪ 前ウエストと持出しにステッチをかける　⑫ 脇のあき止りにステッチをかける　⑬ 糸ループで裏裾を表パンツの脇に止める　⑭ ボタンホールを作って、ボタンをつける
- ●ポイント
表布（ウールフェルト）の脇、股下、裾の縫い代はピンキングばさみでカットします。ほつれる布地を使う場合は、ロックミシンをかけてください。

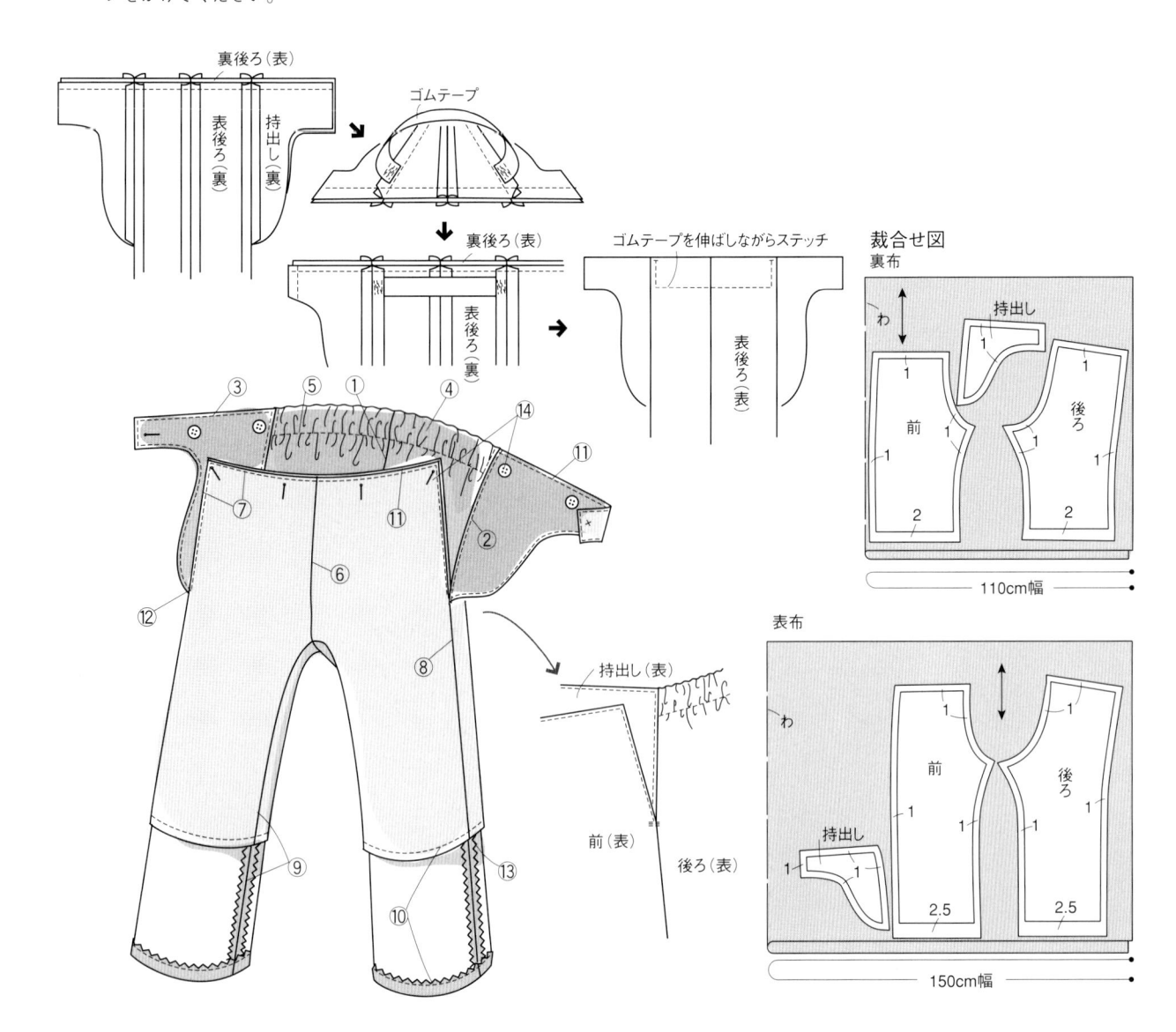

s →p.22　u →p.26,27　v →p.28　y →p.30

シャツ　2〜3歳

●長袖シャツの材料
表布＝コットン110cm幅1m5cm　接着芯（表衿、裏台衿、カフス分）90cm幅10cm　ボタン直径1.1cmを9個

●長袖シャツの縫い方順序
① ポケットを作り、つける　② 後ろ中心のタックをたたむ　③ ヨークと後ろ身頃を縫う　④ ヨークと前身頃を縫う　⑤ 袖の短冊あきを作る　⑥ 袖をつける→縫い代は身頃側に倒す　⑦ 袖下から脇を縫う→縫い代は後ろ側に倒す　⑧ 袖口にタックをたたみ、カフスをつける　⑨ 裾を三つ折りにして縫う　⑩ 前端の始末をする　⑪ 衿を作り、身頃につける　⑫ ボタンホールを作り、ボタンをつける

●ポイント
衿も袖口も接着芯をはって、しっかりと仕立てる本格的シャツです。表布の厚みや好みの仕上りに合わせて、接着芯も選んでください。着ると見えなくなりますが、プリントのシャツの裏ヨークには無地のコットンを使ったりもします。また、ポケットを裁断するときには、前身頃のポケットつけ位置との柄をぴったりと合わせることも忘れずに。

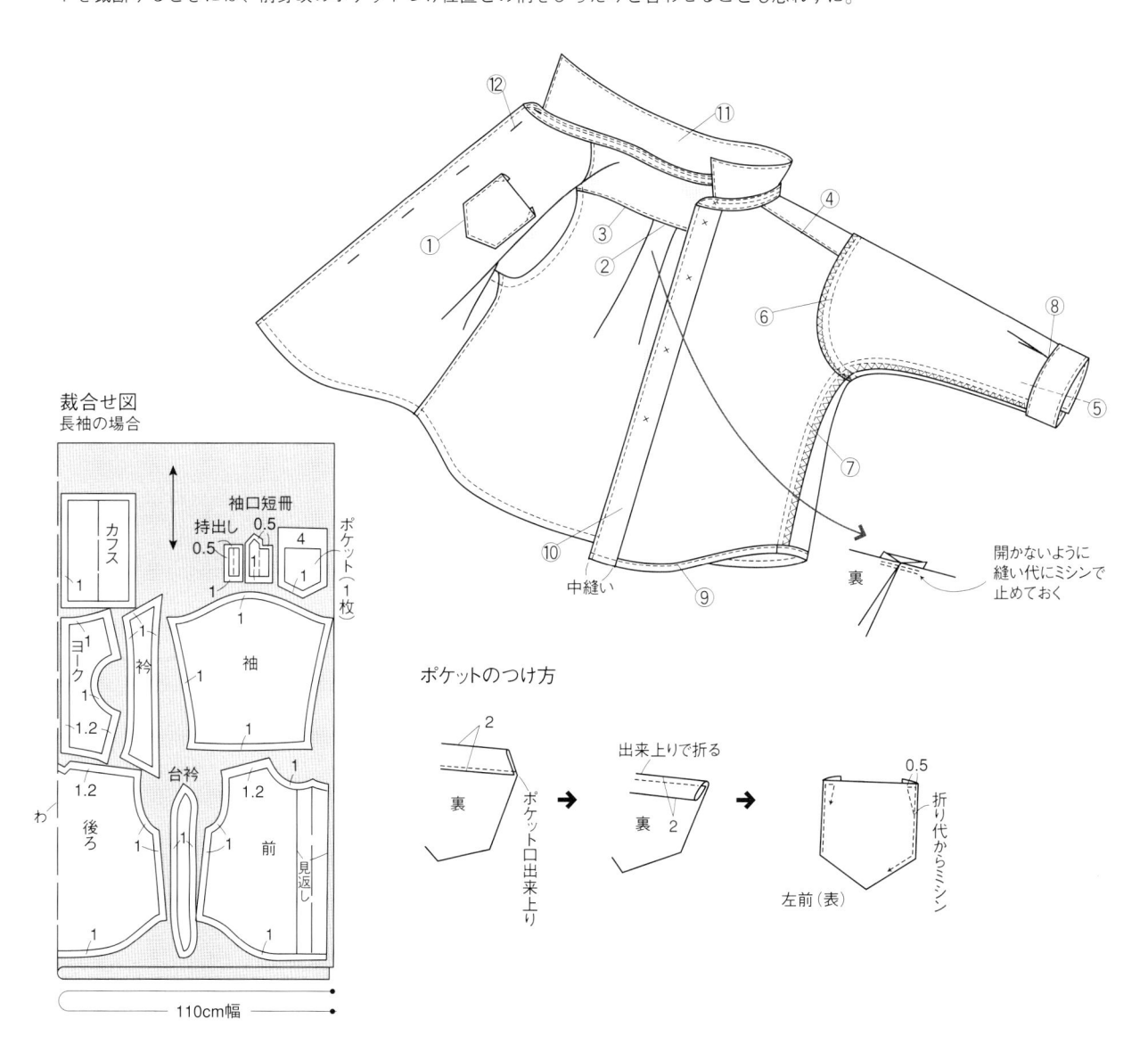

s →p.22 u →p.26,27 v →p.28 y →p.30

シャツ 2〜3歳

ヨークの縫い方

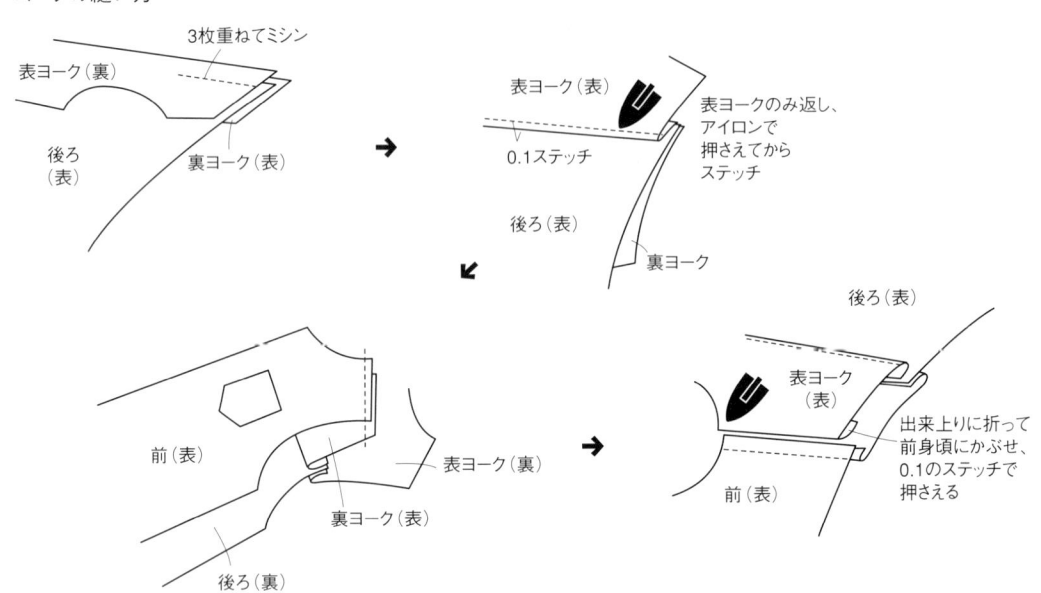

- 3枚重ねてミシン
- 表ヨーク(裏)
- 裏ヨーク(表)
- 後ろ(表)
- 表ヨーク(表)
- 0.1ステッチ
- 後ろ(表)
- 裏ヨーク
- 表ヨークのみ返し、アイロンで押さえてからステッチ

- 前(表)
- 表ヨーク(裏)
- 裏ヨーク(表)
- 後ろ(裏)
- 後ろ(表)
- 表ヨーク(表)
- 前(表)
- 出来上りに折って前身頃にかぶせ、0.1のステッチで押さえる

袖口短冊の縫い方

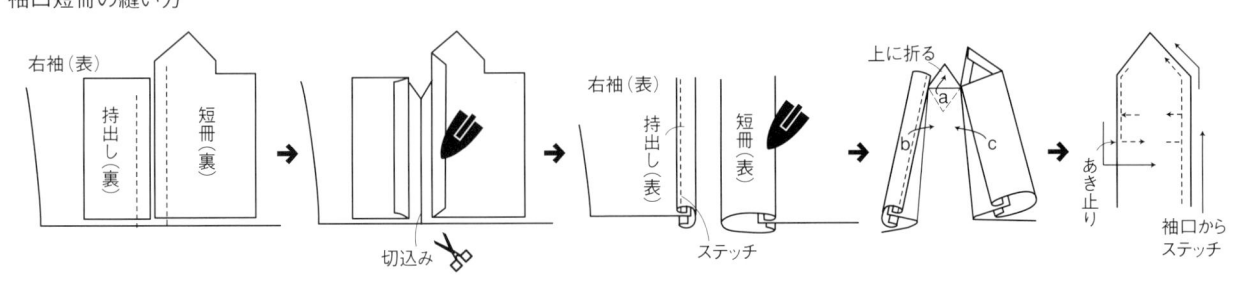

- 右袖(表)
- 持出し(裏)
- 短冊(裏)
- 切込み
- 右袖(表)
- 持出し(表)
- 短冊(表)
- ステッチ
- 上に折る
- a, b, c
- あき止り
- 袖口からステッチ

袖のつけ方

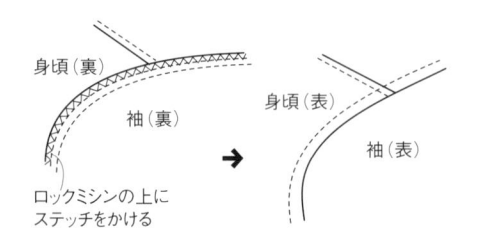

- 身頃(裏)
- 袖(裏)
- ロックミシンの上にステッチをかける
- 身頃(表)
- 袖(表)

裾の始末の仕方

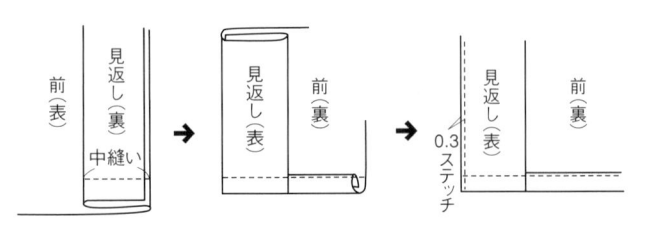

- 前(表)
- 見返し(裏)
- 中縫い
- 見返し(表)
- 前(裏)
- 見返し(表)
- 前(裏)
- 0.3ステッチ

衿のつけ方

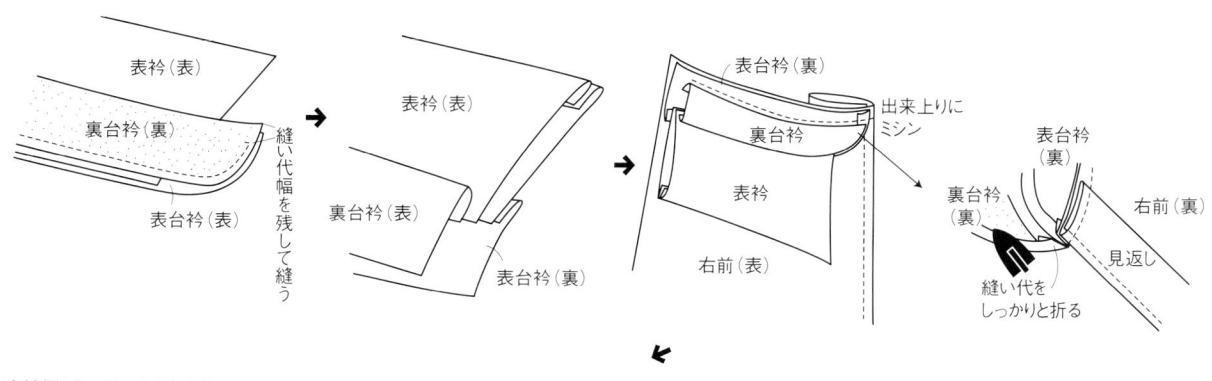

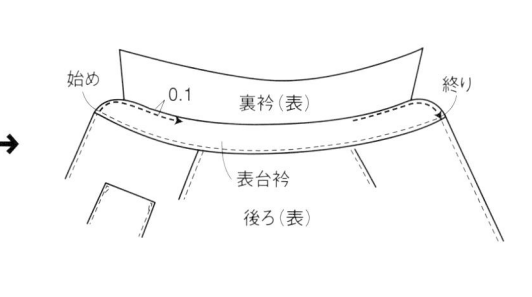

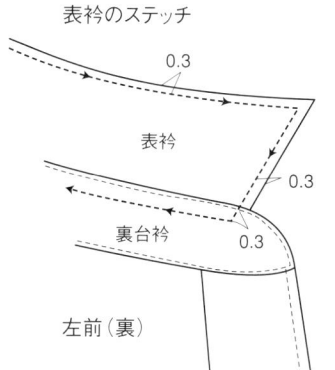

●半袖シャツの材料
表布＝コットン110cm幅85cm　接着芯(表衿、裏台衿分)90cm幅10cm　ボタン直径1.1cmを5個

●半袖シャツの縫い方順序
① ポケットを作り、つける　② 後ろ中心のタックをたたむ　③ ヨークと後ろ身頃を縫う　④ ヨークと前身頃を縫う　⑤ 袖をつける→縫い代は身頃側に倒す　⑥ 袖下から脇を縫う→縫い代は後ろ側に倒す　⑦ 袖口を縫う　⑧ 裾を三つ折りにして縫う　⑨ 前端の始末をする　⑩ 衿を作り、身頃につける　⑪ ボタンホールを作り、ボタンをつける

●ポイント
袖口以外の縫い方は、長袖シャツと同じです。

裁合せ図
半袖の場合

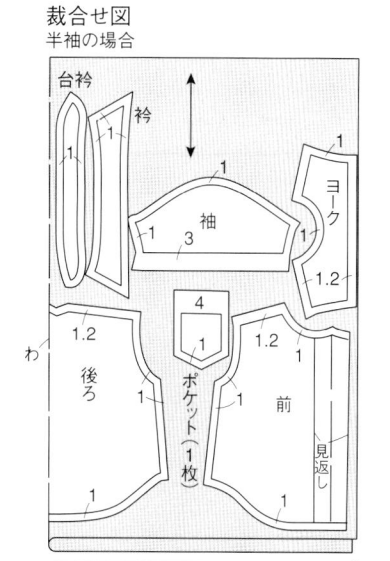

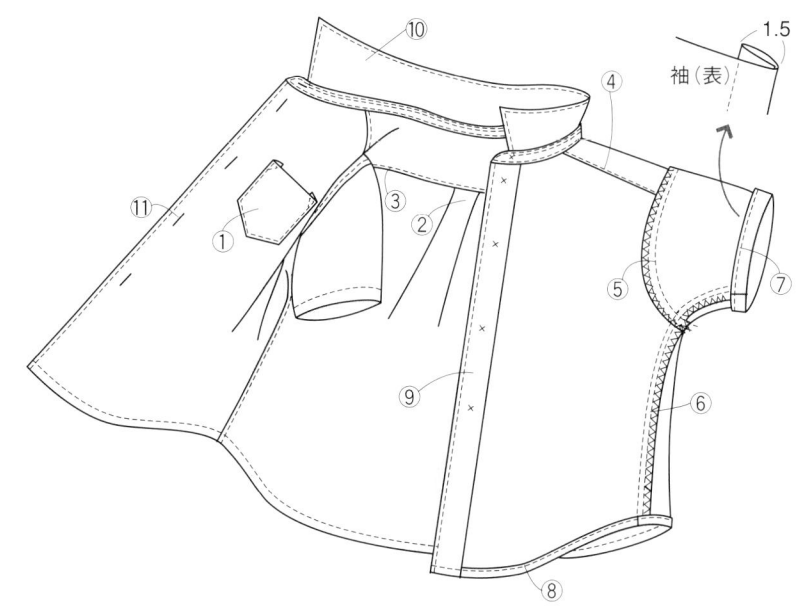

W → p.29

ブラウス 2〜3歳

●材料
表布＝コットン110cm幅75cm
フリルつきオーガンジーリボン2cm幅35cm
ボタン直径1.1cmを4個

●縫い方順序
① 後ろ中心のタックを縫う ② 肩を縫う→縫い代は後ろ側に倒す ③ 袖をつける→縫い代は袖側に倒す ④ 袖下から脇を縫う→縫い代は後ろ側に倒す ⑤ 袖口を縫う ⑥ 衿を作って、つける→p.35参照 ⑦ 裾を三つ折りにして縫う ⑧ 左右の見返しの始末をする ⑨ 左前にリボンを縫いつける ⑩ ボタンホールを作って、ボタンをつける

●ポイント
前立てにつけるリボンがオーガンジーだと、プリントの柄が透けて見えてきれいです。

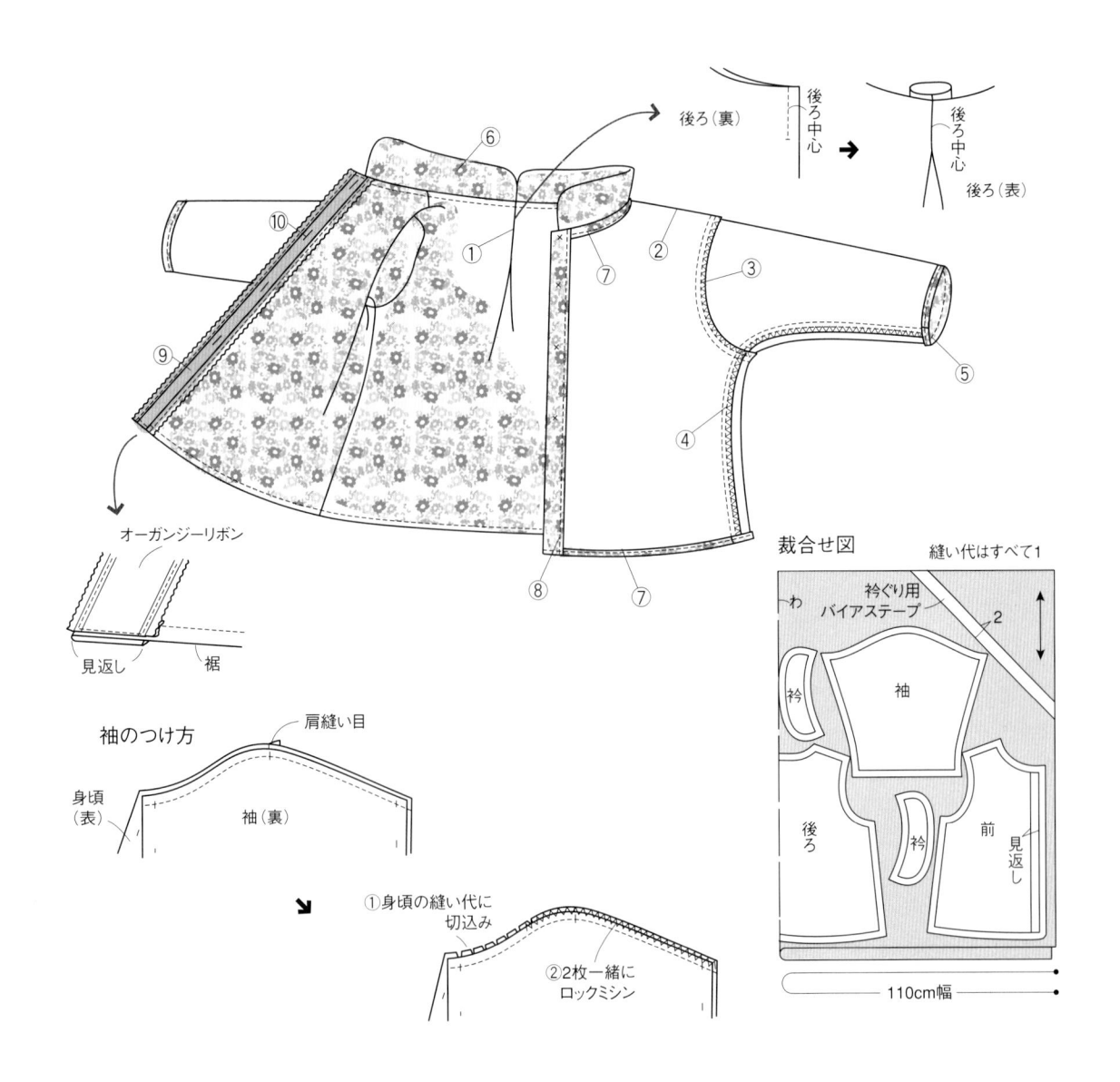

W →p.29　X →p.30　Z →p.32

ギャザースカート　2～3歳

●材料
表布＝コットン110cm幅95cm
接着芯（ウエストベルト分）90cm幅10cm
ボタン直径1.5cmを1個

●縫い方順序
① ポケットを作り、つける　② 脇を縫う→縫い代は、左は前側、右は後ろ側に倒す　③ 裾を縫う　④ ウエストにギャザーを寄せる　⑤ 接着芯をはったベルト布をつける　⑥ あき止りにステッチをかける　⑦ ボタンホールを作り、ボタンをつける

●ポイント
いたってシンプルなギャザースカートですが、ウエストをゴムテープにしないのがこだわりです。飽きないデザインなので、いろいろなトップに合わせられるスカートです。

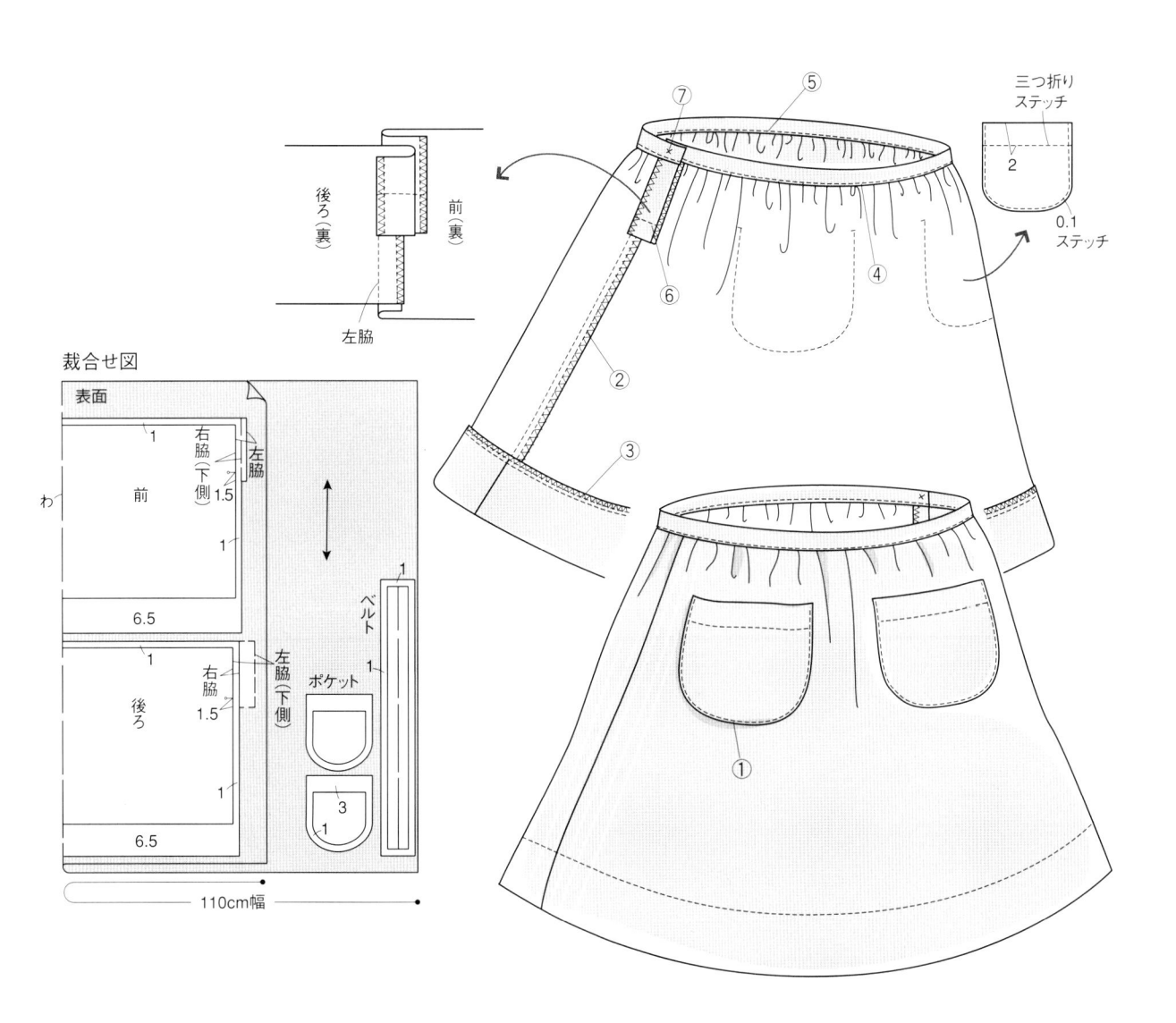

y → p.30,31

パンツ　2〜3歳

●材料
表布＝コットンコーデュロイ148cm幅60cm　別布(見返し分)＝コットン110cm幅10cm
ゴムテープ1.2cm幅49cm
ボタン直径1.2cmを2個

●縫い方順序
① ポケットを作り(ボタンホールも)、つける　② 前後の股上を縫う→縫い代は互い違いに倒す　③ 脇を縫う→縫い代は後ろ側に倒す　④ 股下を縫う→縫い代は後ろ側に倒す　⑤ 裾を縫う　⑥ ウエストに見返しをつける→詳しくはp.59参照　⑦ ウエストにゴムテープを通す　⑧ ボタンをつける

●ポイント
いろいろな素材で一年中のパンツを作ってあげましょう。パンツ丈は長めなので、ロールアップしてはかせます。男の子にも女の子にも似合うと思います。

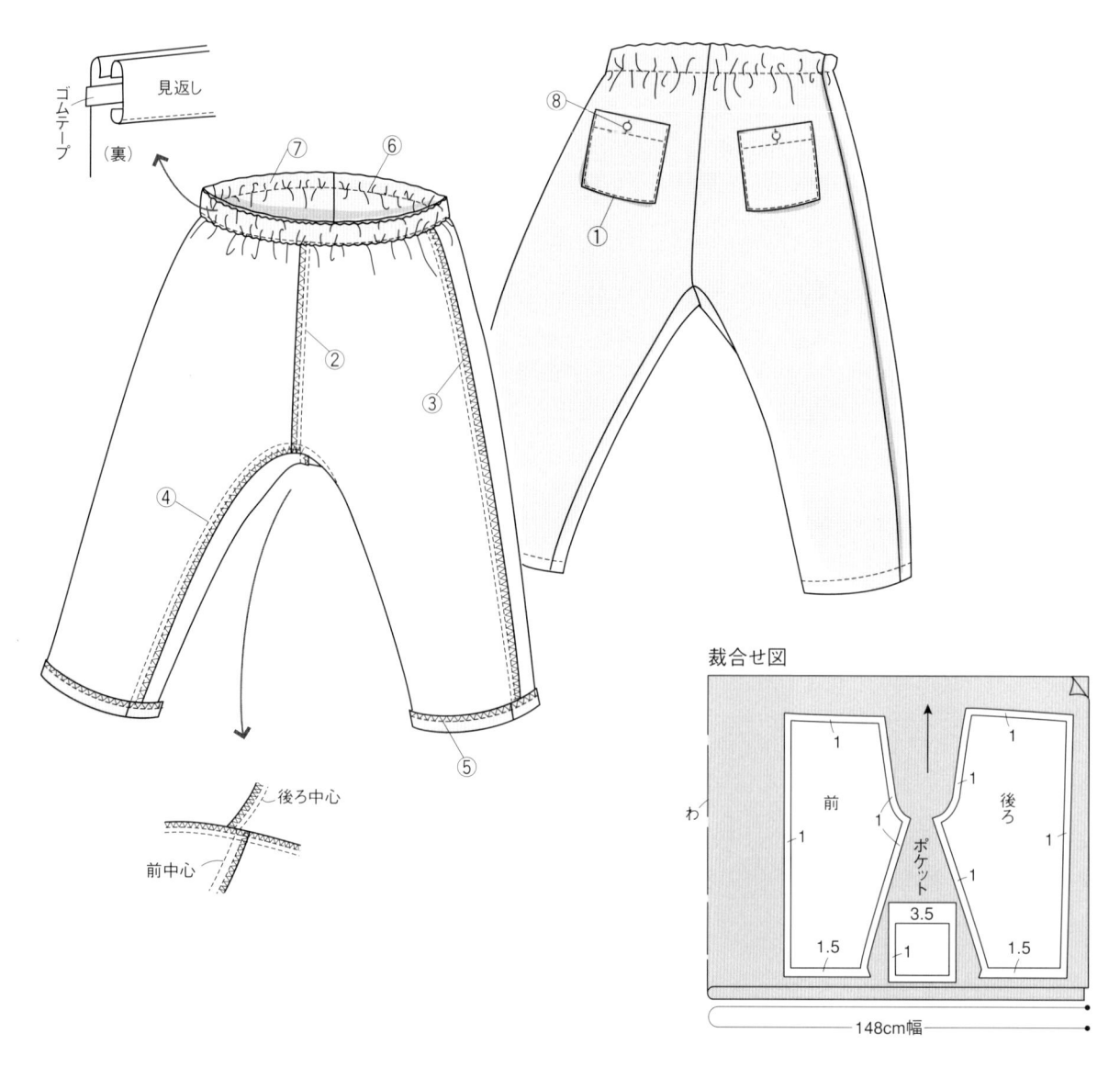

裁合せ図

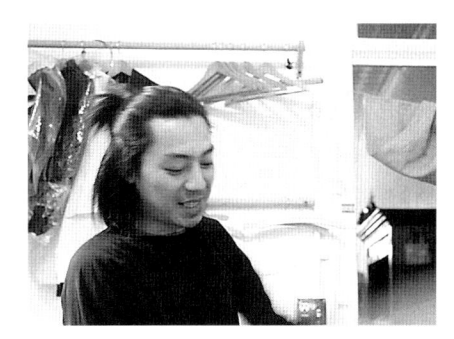

PROFILE
尾方裕司　Yuji Ogata
長野県生れ。桑沢デザイン研究所、コルクルーム卒業後、神戸、東京の婦人服メーカーのパターンナー、デザイナーを経て、1997年ニューヨークへ。1999年より「Makié Marketing, Inc.」の子ども服デザイナーとなる。2008年にフリーとなり帰国。著書に『子どもだってきちんとした服』がある。

MAKIÉ
109 Thompson Street New York NY 10012
TEL : (212) 625-3930
www.makieclothier.com
makie109thompson@ aol.com

ブックデザイン　阪戸美穂
撮影　山本文子
トレース　day studio / satomi d. + yun o.
パターントレース　河島京子
編集協力　山田英理子

協力　矢作まき恵（Makié Marketing, Inc.）

Special Thanks
Angus Song　Sselma Lundstrom Spets　Margaux Bronte Reyl

子どもだってきちんとした服
ニューヨークの子ども服
3歳から8歳まで

小さくてもきちんとした服
ニューヨークの子ども服　6か月から3歳まで

2004年 4月18日　第 1 刷発行
2015年10月27日　第14刷発行
著　者　尾方裕司
発行者　大沼　淳
発行所　学校法人文化学園 文化出版局
　　　　〒151-8524
　　　　東京都渋谷区代々木3-22-1
　　　　電話 03-3299-2489（編集）
　　　　　　 03-3299-2540（営業）
印刷・製本所　株式会社文化カラー印刷
Ⓒ Yuji Ogata 2004　Printed in Japan
本書の写真、カット及び内容の無断転載を禁じます。

・本書のコピー、スキャン、デジタル化等の無断複製は著作権法上での例外を除き、禁じられています。
・本書を代行業者等の第三者に依頼してスキャンやデジタル化することは、たとえ個人や家庭内での利用でも著作権法違反になります。
・本書で紹介した作品の全部または一部を商品化、複製頒布、及びコンクールなどの応募作品として出品することは禁じられています。
・撮影状況や印刷により、作品の色は実物と多少異なる場合があります。ご了承ください。

文化出版局のホームページ　http://books.bunka.ac.jp/